世界伟人传记

林 肯

Lincoln

陈秋帆 编写

陕西出版传媒集团
陕西人民出版社

超越四分之一世纪的期许

——“世界伟人传记”丛书序

早于四分之一世纪前的一个黄昏，有一群中年人和青年人会聚在东方出版社已故创办人游弥坚先生的家里，听取游先生语重心长的谈话。当时台湾的经济情况远不如今日，但已然有萌芽起飞的征兆。社会民生的物质生活，显见较有长足的进展；但是精神生活的提升，则颇嫌步调缓慢。以出版界而言，纸张印刷既不能与今日比，而出版社也寥寥可数，成人的刊物虽然有一些，但少年读物则十分贫乏。游弥坚先生有鉴于此，想要为少年男女编纂一些健康有益的优良读物。他的构想分两方面：一方面要从世界文学名著之中整理出一套可供少年阅读的《世界少年文学选集》，同时也配合出版适宜少年阅读的“世界伟人传记”。那个黄昏会聚在游先生家里的中年人和青年人，便是一群从台湾各地挑选出来担任执笔者。当时还在台大中文研究所读书的我，便是其中之一。虽然，那个黄昏距离现在已超过四分之一世纪的遥远，我仍然不能忘记游先生对于少年读者的关怀，也还记得大家曾经多么热烈地交换意见和互相鼓励的情况！

对于当时的中小学生而言，课外的娱乐活动种类极少，而可供他们课外阅读的书籍更是几乎没有。游先生的这两大套书的出版构想，可说是跨时代的高瞻远瞩。我们讨论到如何分配工作，也商量怎样在分工合作的情况之下，尽量达成异中有同的终极目标。

精选出来的二十多位世界伟人，完全是基于客观公正的立场，所以兼容古今中外，并没有特别强调民族本位的色彩，从教育、文学、科学、政治及艺术等各部门选出最受世人崇仰敬爱的伟大人物。每一位人物的生长背景各不相同，而他们在一生之中所表现的奋斗过程与不折不挠的精神，则是异中有同的。但是为了顾及少年读者阅读的兴趣，这些传记都避免正面冗长的说教性叙述，而多从日常生活富于启发性的小故事来传达伟人所以成功的道理；尤其是着重在他们年少时代的生活特征，以诱发少年读者们的共鸣，希望我们的少男少女在课外阅读这些趣味性浓厚而立意严肃的世界伟人传记时，能够于不知不觉之中领悟到做人处世的高尚理想。

这一套书中随处出现的精美生动的插图，乃是以图辅文，借以达到图文并茂的目的。每一个伟人传记的文后，都附有简单的年谱，让读者能够从中再度温习伟人的重要事迹。

自有“世界伟人传记”丛书的编纂构想以来，已经历了四分之一世纪的时间。这期间无论社会或个人都发生过种种变化，当初主其事的游弥坚先生已经作古，当初执笔撰写参与其事的人，也多四处星散，但是这一套书却一直流传下来，成为最受少年男女欢迎的课外读物之一。这么多年来，许多年少时读过这套书的人，也已经长大成人各奔前程。想到这些，我如今执笔为这一套丛书写序时，心中充满了感慨与感动。现在，我衷心希望无论过去与未来阅读这套书的人，都能深刻铭记编撰人的苦心，从伟人们的传记中汲取崇高的人生哲理。

林文月

林肯·序言

林肯是一位受人爱戴、受人崇敬，使人怀念的人。他为这个世界留下了两件永垂不朽的伟大事业：一件是民主主义，另一件是解放黑奴。

林肯出生在一个荒野的小木屋里，幼时家境贫苦，靠着过人的毅力与勤奋，终于成为美国总统。就职之初，即在贫乏的战备资源下，领导北军，为美国的民主、统一而战。经过了一场艰苦的南北战争，足以动摇国本的黑奴问题终于获得解决。不幸战后不久，这位创下永恒基业的美国总统，竟被充满仇恨的刺客杀害……

这个举世震惊的事件，从此永远烙印在人们的心中。而今，在我们悼念林肯伟大人格之时，实应效法他的精神，为人类和平、世界大同而奋斗不懈。

编　者

目录

小木屋的生活

垦荒 / 003
冬季里的苦难 / 007
青蛙 / 012
鹿的脚印儿 / 017
松叶的芳香 / 022
葬母 / 026
我的母亲只有一个 / 031
小木屋里的小学 / 036
小乌龟的命运 / 041
被雨打湿了的《华盛顿传》 / 046

大平原的孩子

第一次赚到的一块钱 / 053
走向法律之路 / 058
到伊利诺伊州去 / 064
裹在大衣里的身体 / 067
大雪之夜 / 071

开始独立生活 / 077
在密西西比河上做买卖 / 081
黑奴市场 / 086

诚实的亚伯

好说大话的老板 / 095
交到一个好朋友 / 098
黑鹰战争 / 104
土人的生命 / 108
垃圾中的珍珠 / 114
帽子邮局 / 118
农夫议员 / 122
搬家以后 / 127
恶狗和铁耙 / 131

正义的战争

梅丽·托德 / 137
到死不分离 / 140
新生活 / 144

七毛五分钱的选举费 / 148
国会大厦 / 151
暴风雨总是要来的 / 154
乡下律师 / 157
狱中对泣的母子 / 161
神是公正的 / 164
找不到自己的家 / 170
黑奴问题 / 173
历史性的大论战 / 177
打倒巨人 / 183

砍木桩的总统

戈帛协会 / 189
砍木桩的亚伯 / 194
全国大会 / 197
国家分裂的危机 / 200
别离的一天 / 204
只剩一块招牌 / 207
细雨霏霏的早晨 / 211

暗杀的计划 / 216
就职那一天 / 220

南北战争

战争爆发 / 227
首都告急 / 230
李将军 / 233
布尔兰大会战 / 236
平民总统 / 241
还活着，活着 / 245
奴隶解放宣言 / 249
是南军呢，还是叛军？ / 254
“我的孩子们！” / 256
千古不朽的署名 / 258
眼泪与笑容 / 262

美国救星

名将风度 / 269
盖茨堡的演说 / 273

青年士兵的生命 / 277

短鞘装长剑 / 282

光荣归于上帝 / 286

敌将投降的一天 / 291

决定命运的日子 / 295

一阵迷蒙的白烟 / 298

微笑在天国中 / 302

林肯年谱 / 306

小木屋的生活

XIAOMUWU DE SHENGHUO

呼呼的北风，一阵阵地掠过河边平原，从荒野一直刮到小木屋来……

垦荒

“好，到了！这是我们的新天地。怎么样，这地方相当好吧？”父亲托曼斯说着，从马背上跳了下来。

“爸爸，我也要下来。”七岁的亚伯在马背上伸着两只手，这样嚷着。于是他父亲就伸出手去，毫不费力地把他抱了下来，他的妈妈和姐姐莎纳骑在马上，微笑着在一边看着。

“来，我们先爬到那边的山上去看看再说。”爸爸说着，就在前面带路，全家四个人，立刻就爬上附近的一座小山上去。

从那山坡上抬头望出去时，展现在眼前的，是一片无边无际的荒野。左边一片黑黝黝的森林，像沧海那样，一直延伸到地平线的尽头。

摆在他们眼前的工作，是采伐这森林里的树木、开垦这片荒地，好让这一带的土地变成能够耕种小麦的良田。

“别的暂且不说，住的地方总得先解决。”

父亲就在这山上的松林里，砍伐树木，同时在砍掉了树木的空地上，动手建造起小木屋来。

这种小木屋，我们在今天是看不到的。那是把刚从山上砍下来的树木，一根根横排着钉成的小房子；既没有地板，也没有天花板。而且，也没有墙壁，更没有窗户，地下就是原来的红泥土地，在向着南方的进口那边，挂起一张鹿皮，来代替大门。

“亚伯，把尺子和凿子拿给我，让我来给你做张床吧。”父亲对亚伯这样说。

“就是说，我可以拿这凿子在木头上凿孔，是不是？”

“哈哈，这事你怎么会呢？还是去给我找两根像这样长的木头来吧。”

父亲说着，伸出两只胳膊比着长短给他看。亚伯就去寻找父亲所要用的木头。在他出去找寻木头的这段时间内，父亲在一些坚厚的木板四周钉上一个框子，立刻成了一只浅平的箱子般的东西。

就在这个时候，亚伯摇摇晃晃地拖着两根木头回来了。

“不错，对啦，这两根木头，长短很合适。让我来把它当做床脚，再把那箱子钉上去。钉好以后，放在这里，不就成了一张很像样的双层床了吗？你等着瞧就是了。”

父亲说着，很得意地“嘭、嘭、嘭”，不住地敲着钉在木壁上的箱框。

“在这箱子里铺上一层厚厚的干草，干草上面，再钉上一张麻布给你和姐姐睡，不是很合适吗？”

“可是，爸爸，叫我怎么爬上去睡呢？”亚伯仰着头，望着头顶上的那只箱子问。

“哈哈，这话问得很有道理！对了，还该给你做一个梯子才行哩。”

父亲一面说，一面随手取过三四根合用的木头，在每隔三十厘米的地方，钉一根横木，再用树干横排在墙壁上。这样，用来给亚伯每夜爬上箱子里去睡觉的梯子，马上就做成了。

“怎么样，这就行了吧？”

“嗯，做得真好，爸爸真有一手！”

“那还用说吗？这是我的本行啊。”

“呵，爸爸从前是个木匠吗？”

“是啊。而且，我还是一个很有几手的木匠呢。”父亲笑着回答。

事实上这并不是开玩笑。当他年轻的时候，的确在伊丽莎白市的街上做过木匠。可是，在这肯塔基的垦荒地区，大多数农户，都是自己动手造房子的，所以，很少有人来请他。同时，他自己对于木匠这门工作，也不大感兴趣。因此，他就丢掉了木匠工具，完全干种田的工作了。

从此，托曼斯就每天扛着锄头，到田里去耕种。春天播种、夏天除草、秋天收获；一有空闲，就拿着枪，到森林里去打猎。

那个时候，美洲原野里，鸟兽非常多。譬如：鹿、熊、羊、野鸡、野鸭等。此外，河川里面也到处都是鱼。

不久，托曼斯的太太生了个女孩子，取名莎纳。

一八〇九年二月十二日，正当夹着飞雪的暴风袭击肯塔基州荒野的时候，她又生下了一个男孩子，取名为亚伯拉罕。

于是，这座小木屋里，就逐渐热闹起来了。可是，生活却也因此而跟着困苦起来。在生活的压迫下，托曼斯就把那地方的土地变卖掉，迁移到这土地肥沃的印第安纳州来。

也许我们要说，把那块用自己的汗水、心血开垦出来的土地让给人家，而自己却搬到这样荒芜的土地上来，不是太傻了吗？事实上，这是当时美洲“拓荒者”普遍的作风。也就因为这个作风的流行，那辽阔的美洲大陆的荒野，才逐渐开拓起来。过不多久，村落就逐渐建立起来了，市镇也产生了，铁路也打通了，工厂也纷纷开创了，终于造成了像今天那样强大富庶的美利坚合众国。

托曼斯就是这些“拓荒者”中的一个。而他的儿子亚伯拉罕·林肯，就是在这块美洲新开垦的土地上出生的、土生土长的“大平原上的孩子”。

冬季里的苦难

亚伯的身材相貌，从小就长得很奇特。在他那个细长脸颊的正中央，长着一个大大的鼻子。两只小耳朵，挂在脸庞的两边。还有他那一头灰色而蓬乱的头发，和两只特别长的手和脚，都很特别。而且，他的手指，也是特别长。

“这小家伙，真像一只长臂猿啊！”

他父亲喝酒的时候，总是这样开亚伯的玩笑。可是，在他母亲兰西看来，问题就严重多了。有一次好不容易给他添置了一件鹿皮上衣和一条短裤，到了第二年，他那手和脚，已长出衣袖口和裤脚一大截了！

不过，他的身体倒很健壮，力气也大。在他们搬到了印第安纳州这新地方以后，小小年纪的亚伯，就扛起锄头和父亲一起到田里去耕作。父亲在森林里采伐木材的时候，等父亲把树一砍倒下来，他就把树枝劈成劈柴，一捆捆地捆好。他还经常要到距离住家一公里的地方去提水。他把一大桶水摇摇晃晃地提到家里，一路上也不会让桶里的水泼出去。

于是，那座威荣克里克森林，就被他们慢慢地开垦出来，这一带的荒地，也就逐渐开辟成了耕田。

秋天快要过去的某一天……

“兰西，你出来看看，我打到一样好东西了。”

父亲托曼斯从外面回来，这样大声嚷嚷着：

“你用手指头摸摸这野兽的毛！你看，这毛有多厚！”说着，把那头鹿，“嘭”的一声，从肩头丢到地上。

“真的！这简直像狐狸毛，怎么长得这样厚啊！”

“这你可懂得是什么道理吗？看这样子，今年这个冬天，恐怕会冷得不容易熬吧！”

这时，莎纳和亚伯姐弟两个也跑了过来。“爸爸，鹿怎么会知道今年的冬天会特别冷呢？”

“这事，鹿怎么会知道！”

“那么，它既然不会知道，为什么在身上会预先长出一身那么厚的毛来呢？”

“这，归根到底说起来，就是所谓动物的本能。”

“什么？‘本能’是什么？”

“那就是神在无形中让鹿知道了的。知道今年的冬天会特别地冷，除了神以外，再没有第二个能先知道的。”

“原来是这样。不过，爸爸，如果我们人跟鹿一样，身上会长出毛来，那就好了！”

“哈哈，人身上不会长毛，所以，就得趁早做种种防寒的准备。”

从这天起，林肯全家，不管是妈妈兰西也好，莎纳和亚伯也好，大家都在那里砍树、劈柴，忙作一团。

这一年的冬天，果真比往年要冷得多。那呼呼的北风，一阵阵地掠过河边的平原，从荒野里一直刮到那小木屋里来。接着，鹅毛般的雪片，在天空中飘飘地飞舞。到了晚上，那雪下得更大了。一夜之间，所有的森林、田地、道路、旷野，到处都是白皑皑一片，使整个大地变成了一个银色的世界。

狼叫的声音，从远处一阵阵地传过来，可以听得非常清楚。

拴在马圈里的那头马，突然间“啪、啪、啪”地跳动了起来。

“亚伯，别跑出屋外去，看样子是熊来了！”

父亲这样说着，一只手提着枪，跑了出去。借着灯笼的火光，亚伯向外面偷偷望了望，只见雪地上很清楚地留着一个个熊的脚印。因为下雪，找不到东西吃的熊就跑来打那头马的主意。

“哎呀，真可怕！”亚伯一面说，一面躲到母亲的怀里去。

不过，像这样讨厌的冬天，并不怎么长。一月过去，就是二月。到了三月里，雪就逐渐融化了，小草也慢慢地探出头来。那些无名的野花，到处开放；从枝头吹过来和煦的熏

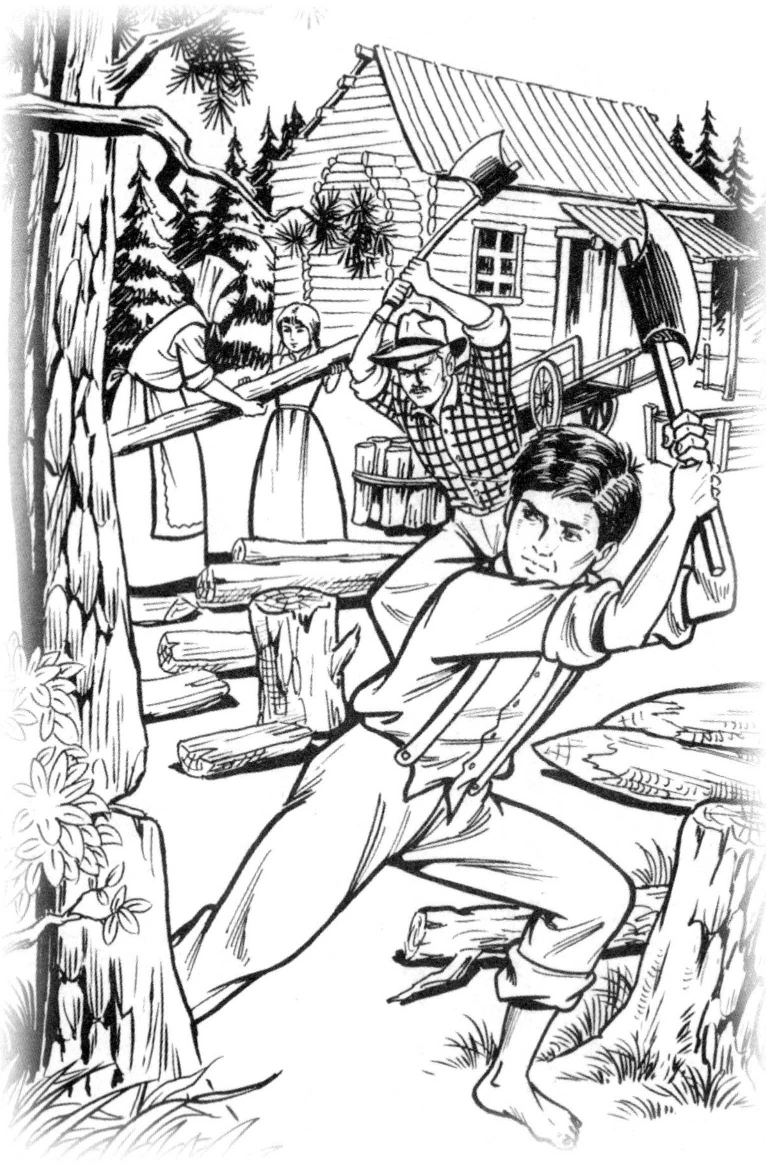

风；小鸟也开始叽叽喳喳地歌唱了。

春天，终于又来了。

青 蛙

“亚伯在家吗？我们到林子里去玩吧！”

从山边的小路跑来一个穿着鹿皮短裤、满脸雀斑的孩子。这孩子的年龄，要比亚伯大两三岁。

“奥斯丁，你等我一下，我去告诉妈妈一声就来。”

亚伯走进小木屋，一会儿就跑了出来。“好，走吧，妈妈答应让我去了。”

两个孩子，手牵着手，跌跌撞撞地跑下山去。

这时已是五月。沿着林子的小路边上，开满了紫罗兰，那景色像夕阳晚照时的彩云。田野里也到处开满各色花朵。

亚伯很喜欢花，可是，他更喜爱小鸟。花是不会动的，小鸟却会跳跳蹦蹦，还会在枝头飞来飞去；花总是保持沉默，小鸟却会唱出好听的歌来。

“别做声！”亚伯忽然捂住奥斯丁的嘴巴，可是，已经来不及了，枝头上一只红色的小鸟，“吱、吱、吱”地叫着，“噗”的一声飞走了。

“亚伯，算了，捉什么鸟儿，到河边去玩吧。”

“不行！在没有到六月以前，河边是不能去的，因为河水太凉。”

“没关系，我昨天还到河里去了呢，河水一点也不凉。”

“真的不凉吗？”

“当然是真的。”

他们一路说说笑笑，一下子就到了小河边。那水晶似的皎洁的河水，在苍翠碧绿的树荫的笼罩下，打从雪白的小石子上滚过，汩汩流去。从树荫的空隙里漏下来的几点阳光，在那洁白的水面上，闪闪发光。

“真的，这河水一点儿也不凉。”

“怎么样，很痛快吧？”

两个人正在小河里玩得十分起劲的时候，隐约看到对岸的岩石上，有个银白色的东西，在那里移动着。

“嘿，四脚蛇！”

“嗯，在哪里？”亚伯抬起头来张望，可是并没有看到。只听见从对岸的草堆里，传来一阵窸窸窣窣的声音。

“亚伯，我们到对岸去看看，好不好？”

“可是，这是一座独木桥……”

“你怕这座独木桥？胆小鬼！你看着，就这样爬过去呀。”

奥斯丁说着，就把身体趴在桥上，慢慢地爬过桥去。

“亚伯，没有关系，赶快爬过来！”

“嗯。”亚伯迟疑了一下，最后还是下了决心，照着奥斯丁的样子，也爬了过去。

可是，当他快要到达对岸的时候，双脚一滑，扑通一声，就跌下河去！

这下可真把奥斯丁吓坏了！

“亚伯，喂，往这边来，这边！你抓紧这个！”

奥斯丁急忙从岸边的石头上，伸过去一根竹竿。亚伯拼命抓住那根竹竿。不过，奥斯丁也站立不稳，两只脚老是往河边滑来滑去。所以，两个人都在那里拼命挣扎。结果，总算一个也没有淹死。可是，两个人都已成了落汤鸡！

“糟糕透了，这可怎么办呢？”

“这样回去，一定会挨骂的……”

“要是只挨一顿骂，倒也没有什么……你家里的人，会不会打你？”

“嗯，我爸爸好严厉呀！”

“这样，我们就只好找一个晒得到太阳的地方，去把衣服晒干。走，亚伯。”

两个人沿着小河，走下坡去，一直走进林子里找到一片砍掉了树的空地。这里，温暖的五月的阳光，把整个草原照射得辉煌耀眼。于是，两个人赶忙把那湿透了的衬衫和短裤，一件件挂在树枝上去晒；两个人都脱得赤条条的！

“我说，咱们爬到树上去玩一会儿，好不好？”

“好嘛。你打算玩什么？”

“爬到树上的，当然是野猫了。”

“我不喜欢野猫。有一天，我看到一只野猫咬住一只兔子，弄得胡须和爪子上全是鲜血，真可怕！”

“那么，你就装作老鹰吧！老鹰很厉害呀。”

“奥斯丁，你为什么老是想变做这些带着血腥的动物呢？”

“既然这样，就装作蛇算了，蛇就不会流什么血喽。”

“可是，我曾经看到过一条吞下了蛤蟆的蛇，因为它吞的那只蛤蟆，实在太大，弄得上气不接下气，简直快要憋死了！所以，蛇，我也讨厌，还不如做鸮鸟好呢。”

“可是，鸮鸟的窝才臭哩！好啦，我想到了一样好东西！你就装作松鼠吧。”

“松鼠的确很可爱，不过它是个大傻瓜！老是竖起那条大尾巴，很容易被人发现，叫人家给弄死……我想，我还是做青蛙算了。”

“不错，青蛙很聪明，老藏在树底下，谁也找不到它。”

“而且，它还会叫出那好听的声音来。好吧，我们两个都变做青蛙吧。”

这两个赤身裸体的孩子，就这么决定了。

“不过，这件事，我们必须绝对保密！”

商量妥当以后，这两个赤身裸体的“青蛙”，就在树上玩了起来，一直玩到衬衣短裤干了才回家。

这一桩青蛙事件，谁也不知道。等到后来亚伯死了以后，那个奥斯丁老伯，才在别人面前提起。这尽管是一个幼年时代保密的约定，却能保持那么长久，的确不容易呢。

鹿的脚印儿

林肯全家搬到印第安纳州一年以后，和林肯的母亲带点远亲关系的施巴洛全家，也迁移到这里来了。这时，他们一座新的木屋已经造好，于是，就把原来的那间木屋，出让给施巴洛，林肯全家就搬进了新屋子里去住。

威荣·克里克这个地方，也就逐渐热闹起来。

一天，林肯在威荣河边，发现了许多鹿的脚印儿。他心里想，这事如果对父亲一讲，这些鹿马上就会被杀死，所以，他就没有让任何人知道。

“喂，丹尼斯，雄鹿头上的那两只犄角，长得实在太好看了。”一天，亚伯对一个跟施巴洛家一起迁移来的，名字叫做丹尼斯·亨克斯的人这样说。

“你怎么知道呢？”

“我告诉你，在林子里，不是有一个威荣河河水蓄积成的水潭吗？每天晚上，经常有母鹿带着小鹿，到这水潭边来喝水。我已经看过好多次了。不过，这个你可千万不能在我父亲面前泄露！”

可是，他叫人家保守秘密的要求，并没有生效！丹尼斯虽然比林肯大十岁，却是一个不喜欢耕作，只喜欢打猎的青年。

两三天以后，林肯家的人正在吃晚饭，丹尼斯扛着枪跑了过来。父亲托曼斯边嚼着满口山芋，边向丹尼斯打招呼：

“喔唷，你来得这样早！丹尼斯。好，等一会儿就去。亚伯，快吃，吃好了，带我们到那个鹿常来喝水的水潭那儿去！”

亚伯一听，知道这下子完了！而且，父亲一说完，就马上站起身来，取下了挂在壁上的一支枪。亚伯知道已经推托不过去，只好在他们两个的后面，懒洋洋地跟着走。

这是一个月明如昼的夜晚。池沼里的水，像镜子般地发出闪烁的光芒，河岸边杨柳树的影子，被清清楚楚地映照了出来。三个人躲在草丛里，耐着性子守候着。

一会儿，一只母鹿带着小鹿走了过来。林子里是那么静寂。全身笼罩着月光的鹿群，比图画还美。

“哎，那大概是一只母鹿。”亚伯这样想。

那只母鹿竖起耳朵，迎着风，伸出它的鼻子，在那里嗅着。他们三人躲在下风的位置，所以母鹿没能发现他们。亚伯很想出其不意地大吼一声，使那只鹿逃走，可是已经来不及了！

砰！砰！

枪声一响，躲在树荫里的雄鹿，就一溜烟似的逃进树林里去了。那只母鹿在跌跌撞撞地摇晃了一阵以后，就翻身倒在了地上！那只小鹿也吓得急忙逃走。可是，它因为舍不得母亲，又在母鹿旁边出现了。

亚伯看见丹尼斯和父亲两个跑了过去。父亲手里的一把刀，在月光下闪闪发光。

这时，亚伯低下头，拔腿拼死命地跑开去。他觉得有一只铁臂，扼紧他的胸口。

“那是头母鹿！”他一面跑，心里一面这样想。

“咦，亚伯呢，跑到哪里去了？”

父亲把那只倒在地上的母鹿背了起来，一面向周围探望。

“跑掉了啊，这家伙心肠软得很呢！”

“是啊，他的心肠越来越软了。看来要他动手杀鹿的话，他还是情愿吃蔬菜的好。”

“这样说来，他是不会吃鹿肉的了？”

“没有别的东西好吃的时候，他还是会吃的。像他这样怕见流血，实在少见。他一定是在这头小鹿被打中的时候逃掉了的。”

“我自己也未尝不觉得难受。可是，吃的东西是少不了的！而且，皮裤也不能不做。像亚伯那样软心肠的话，那就完了！”肩上扛着小鹿的丹尼斯这样说。

“就因为这个缘故，我老替他担心。要是不能打猎，怎么能够做庄稼汉呢？而且，每到晚上，他总爱在烤火堆旁边练习写字。他喜欢捡那些烧剩的木炭，在木板上用功写字。”

“这样说来，他大概是要当牧师吧？”

“哪里，他读《圣经》是为了要认字。因为除了《圣经》以外，再也没有什么书好读了。”

“那么，就让他读点书，将来到学校里去教书，也是个办法。”

“哈哈，这种乡下地方，从哪里学得到这教书的本领呢。我的意思是让他当个樵夫，天天去打柴算了。这孩子看他那么小小年纪，力气倒着实有一点。斧头在他手里，使用起来倒满在行呢。”

两个人把猎物扛在肩膀上，一路说说笑笑地回去了。

AB

松叶的芳香

到了第二年的秋天，威荣·克里克这一带地方，流行着一种恶性的疟疾，甚至连马、羊等牲口，也受到感染，而且还无法救治。不分男女老幼，都被笼罩在对疟疾的恐惧中。

本行是木匠的托曼斯，就忙着到林子里去砍松树来做棺材。附近的人们，都一个个相继去世！施巴洛老夫妇两个，也双双去世！丹尼斯靠了托曼斯的帮忙，才把两口棺材钉了起来。

两三天以后，亚伯的妈妈兰西，也突然发起烧来。她的舌头，干燥得简直说不出话来。她那一对灰色的眼睛，像天空里的星星，在那里灼灼发光，并不停地要水喝。

莎纳和亚伯姐弟两个，不分昼夜地坐在母亲的枕头边，服侍着母亲。当母亲睡着了的时候，姐弟两个就到户外去找个地方坐下，小声地祈祷母亲的病，快快好起来。

那是一个天气晴朗的晚秋佳日，母亲的脸上，浮现出好几天没看到的愉快表情：

“孩子，妈妈昨天晚上做了一个梦，在梦里看到海洋。那是一个景色很美很美的海洋；在海面上，摇着一条小船，而且，还听到了一阵很好听的音乐，那是比春天里红色小鸟的歌声，还要好听的音乐呢！”

母亲这样说时，在她憔悴而枯瘦的脸庞上，浮现出一丝微笑。

“亚伯拉罕，这本《圣经》，妈妈留给你做纪念！这《圣经》里面，都是神给我们的训示。读了这《圣经》，你就会爱神。这样，当你离开人世的暴风狂雨的海的时候，神一定来带领你到他所居住的另外一个平静的海里去。

“要好好听爸爸的话，同时，和姐姐也要相亲相爱！我希望你成为一个正直而崇敬神的人。”

亚伯从母亲的手里接过《圣经》来，放在桌子上。过了一会儿，妈妈又开口了：

“莎纳，我把赞美歌留给你。这赞美歌是除了《圣经》以外，再没有比它更重要的了。你学会了这里面的歌以后，要常常唱给爸爸和亚伯听。”

妈妈这样说过以后，就像很安心了似的，把眼睛闭了起来。亚伯和莎纳两个，看到妈妈已经静静地睡着了，便带着妈妈递给他们的两本书，从里面走了出来。

当天晚上，托曼斯才回到家里来。他吓坏了！整夜坐在太太枕头边。兰西把双手交叉在胸前，一直睡在那里。

不一会儿，光辉灿烂的太阳，已从东方升起，亚伯和莎纳两个从床上起来时，妈妈正闭着眼睛躺在床上，爸爸低着头坐在妈妈枕头边，看情景感觉到有点异样。姐弟两个走近床边时，父亲就抬起头来说："妈妈死了！"

他的声音十分嘶哑。

莎纳一听，立刻"哇"的一声哭了出来。父亲伸出手来，轻轻地放在她肩膀上，安慰着莎纳。可是，却发现亚伯不在身边。

托曼斯出去一看，原来亚伯趴在林子边的草地上。

过了一阵，丹尼斯来了。他就和托曼斯两个，又做了一口棺材。在棺材的底儿上，铺了一层厚厚的松叶，然后再铺上一块布单。

托曼斯伸出他颤抖着的手，把兰西的头发从她那苍白的额角上，撩到上面去，一面揉着她的眼皮，使她早点瞑目。这时的兰西，根本不像一个已经停止了呼吸的人。莎纳看了，非常惊奇地凝视着。跟着，她走到门口去叫弟弟：

"亚伯，你过来看看，妈妈已变得像天使那样美了！"

姐弟两个手牵着手，站在棺材的前面。那松叶的芳香，又唤起了他们对母亲的回忆。

在山坡上，耸立着两株砍剩下来的松树。妈妈生前最喜欢这两株松树，每当黄昏时分，就坐到这两株树下，唱歌给他们听。

墓穴就在那红色的小鸟常来歌唱的一棵树下。托曼斯和丹尼斯抬着棺材运往墓地时，亚伯和莎纳也跟着一道去。

第二天早晨，这两个失去了妈妈的孩子，就到那新堆起来的坟头儿去。

“我说，亚伯，我们去找点树叶，盖在坟头儿上吧。这样，那红色的小鸟，就会飞到这坟头上来歌唱的。”

姐弟两个，就到林子里去，捡了些新掉下来的树叶，拿来盖在坟头儿上。在坟头的正中央，莎纳还放上一块白色的石头。

第二天，两个人又到坟墓去看时，果然在那块白色石头上面，站着一只红色的小鸟，那小鸟正在歌唱——歌声还是那样好听。

“嘿，你看，小鸟到底找到了呢。”莎纳说。

“可是，妈妈听不到它的歌声吧！”亚伯很难过地回答。

葬 母

自从妈妈安眠了以后，家里就突然冷清起来。天性乐观的父亲，也变成了一个沉默寡言的人。原来，母亲才是家庭里光明的主宰！母亲一去世，父亲的玩笑也少开了，家里像是火熄灭了般沉闷而冷清。

这时，才九岁的亚伯，就必须到距离一公里外的地方去挑水；十一岁的莎纳，就在厨房里担任烧饭的工作。父亲只要有了空闲，总是扛着枪，在荒野或林子里打猎。一家子就这样过活。

一天，亚伯在林子里拾完了柴，正背着柴往回走，走到泉水旁边时，突然听到莎纳高兴的叫喊声。

“怎么了！莎纳，发现了什么不成？”

“是呀，发现了一个不平常的脚印儿。”莎纳说时，伸着手指头，指着地下。

“哎，是不是发现了鹿的脚印儿？”

亚伯一面说，一面弯着腰往地下看。等看清楚时，他高兴得跳了起来。

“哎，是妈妈的脚印儿！”

“所以，我想，我们把这足迹，想法子给留下来。妈妈留下的就只有这个脚印儿了！”

“是的，我们在这脚印儿的周围，用石头把它围起来吧。”

这样一说，两个人就急忙去搬了些石头来，在两个脚印的周围，堆起了石壁。

从这天起，姐弟两个每天都要去看这石壁。幸而，接连几天都没有下雨，泥土始终是干的，留在泥土上的脚印儿，也就原样地保存在那里。

一天，坟墓旁边的一棵栗子树掉下了一片黄叶来，这片黄叶刚巧掉进了那用石头围的墙壁内。这是非常珍贵的纪念物啊。

“你看，妈妈的脚印儿，已经把冬天的御寒工作也做好了呢！到了冬天也就不怕了。”

可是，一到冬天，那寒冰似的北风，就把残留在枝头上的几片枯叶，一起给吹掉了。本来掉落在地面上的那些落叶，也被卷到天空，飞散到各处去了。

就在这些枯叶被吹散后的第二天早晨，莎纳看到那石壁圈里面的枯叶，被吹得一片不剩，急忙大声喊叫她的弟弟：

“亚伯，亚伯，赶快过来！”

亚伯上气不接下气地跑了过来。这时摆在他面前的是一个非常奇怪的景象：原来妈妈的脚印儿上有落叶掩盖着，霜就在这落叶的里面凝结了起来，好像一双银色的鞋子！

“这简直是天使的脚印儿！”亚伯说。

“是啊，妈妈一定成为天使了，就把这银色的鞋子，放了进来。”

“哪里会有这样的事！这是因为寒冷，霜才凝结起来的。你看，路边的野草上，也不都是结了冰，在那里闪闪发光吗？不过，要是真有天使的话，我相信妈妈也一定是其中的一位了！”

“你说得对。妈妈实在不能够和我们在一起的话，那就只有希望她成为天使了。”

“是的。不过，莎纳，我们好寂寞呀！”

“真寂寞呢，亚伯。”

失去了妈妈的姐弟两个，这样在外面逗留了一会儿，就回到了家里。这时，在田里工作的父亲，还没有回来。

从这天以后，接连两天，一到晚上，亚伯总是呆坐在烤火堆旁边，一声不响地独自沉思。到了第三天早晨，突然说要到镇上去走一趟。至于他要到镇上去干吗，不管莎纳怎么样问他，他只是说：“不要急，慢慢你就会知道的。”

这一天，莎纳独自孤零零地待在家里。到了傍晚的时候，亚伯还是没有回来。莎纳等得实在焦急了，便跑出去看了看。这时，她看到亚伯像只小狗一样，正从山坡上跑跑跳跳地奔回来。

“莎纳，你看，我要写信了。”

亚伯把手里的一张纸和一支铅笔举得高高的，给莎纳看。

“写信？给谁？”

“我要写给肯塔基州的爱勤斯牧师。要请他来给妈妈举行下葬仪式。这位牧师和妈妈很熟悉，我相信他一定肯来的。”

“可是，你那纸和铅笔，怎么来的？”

“这铅笔和纸，是我在一个商店里帮他们做事情赚来的。我帮那家店铺打扫和整理货架，把垃圾倒掉，他们就给我这张纸；这铅笔是借来的。等我写好信以后，他们还愿意替我把信拿到邮局去寄呢。”

“哈，这真太好了。”

这天晚上，林肯家的小屋子里，一件大事正在进行。亚伯先在火炉里添足了木柴，然后就动手把一块习字板擦得干干净净。

“哎呀，亚伯，你这是干什么？”

“你难道不知道，我只在肯塔基进了三个月的学校。所以，我得先在这板子上写一遍，然后再把它抄下来。”

亚伯写着写着，觉得不对，就把写下来的字擦掉，重新再写一遍。可是，写好后看看还是不能满意，便又擦掉重写。亚伯侧着小脑袋，这样擦擦写写，经过了好几次的修改，才算把这封信写好，但时间已经是深夜了。

信寄出后大约过了一个月，回信就来了。信里面说：等地面的雪融化，路上好走的时候就来。

不久，这个日子终于到来了。

这是一个非常热闹的日子！邻近各个村子里都有人来。有的走路，有的骑马，还有些人坐马车；也有从三十公里以外的地方赶来的。参加这个安葬仪式的人，实在不少。

这是一个既没有教会也没有学校的荒野地方。所以，举行一次葬礼，实在是桩大事！

我的母亲只有一个

大约半年的日子过去了。一天，莎纳独自一个人在煮东西，亚伯在外面劈柴。

父亲说是出门去几天就回来的，可是，这次出去了好几天，还没有回来。所以，他们姐弟两个就只好一天又一天冷清清地在家里看家。

莎纳听到从老远的地方传过来一阵声音。

“亚伯，有什么人往这边来哩，你听！”

亚伯放下手里的斧头，对着声音来的方向，侧着耳朵倾听。

“不错，那是马车在石子路上经过的声音。”

“不知道是不是往这边来的？”

“除了到这里来以外，没有别的地方去了。”

马车的辘辘声，慢慢地越来越靠近了，这是一部两头马并拖着的布篷马车。嘿，你看！坐在驾车台上的那个人，一手执着马缰绳，一手挥舞起他的帽子来了。看，他一面还不住地微笑呢。

“啊，是爸爸回来了！”

亚伯和莎纳两个，都跑到门口去。在那部大马车上，装着满满的东西。另外，还有人从布篷的隙缝里，探着头不断地往外看，那好像是三个小孩子的脸孔。

不大一会儿，那辆布篷马车，就吱吱地在这座小木屋的门口停了下来。

父亲托曼斯从车沿儿上轻快地一跃，跳下车来，接着，他就去搀扶一个女人下车。

“莎纳、亚伯，一起到这里来。这一位，就是你们的新妈妈。”

这是亚伯从生下来到此刻，第一次看到所谓继母。他听了这话，吓了一大跳，目不转睛地望着她的脸孔。这时，那个新来的母亲微笑着说道：

“我在心里想，我要做一个你们的真正母亲！不过，不知道你们能不能真心喜欢我？倘使我喜欢你们的话。”

“我正在想，最好我们能够像别的孩子们一样，有一个妈妈。”

莎纳这样回答。可是，亚伯的回答，不能像莎纳那样清清楚楚地说出来，只是这么说：

“嗯，我也要尽量做个好孩子。”

“呵呵，这孩子真老实。”这位新妈妈说着就笑了起来。

这个时候，父亲正在卸马车上的东西。

“喂，莎纳、亚伯，你们两个也来帮忙。哦，对了，这几个是你们新妈妈的孩子，还没有向你们介绍呢。你们以后要好好地在一起过日子，像亲生的兄妹一样。这男孩是约翰，这女孩子叫莎丽，还有一个是——哎哟，跑到哪里去了？”

正这样说着，那个年龄最小、有着满头蓬松金发的可爱小女孩，从马车背后探出头来：“我是倩蒂。请多多指教！”

说着，她还扮着鬼脸，伸出手来，要跟大家握手，逗得大家都笑起来。

一个半新半旧的衣柜，从马车上卸了下来。还有床，下面放着羽毛被，厚厚的羊毛毯和各种厨房的用具以及碗橱。

亚伯一面帮着把东西搬进家里，一面问父亲：“爸爸，这是什么？”

“那个吗？那是枕头。”

“枕头，这叫枕头？”

“是的，晚上睡觉时，用来垫在头颈下面的。”

“原来是这样！”

说也可怜，自从生下来到现在，亚伯才头一次看到枕头这个东西。

这天晚上的一顿晚餐，那热闹的情形，是好久没有看到的。孩子们很快就成为朋友了。在这些孩子里面，人缘最好的，要算倩蒂了。她跟亚伯特别好，几乎不肯离开亚伯身边一步。

父亲这晚也非常高兴。他看看围坐在桌边的家人，微笑着说道：

“开始吧，大家都到齐了吧。”

这时，倩蒂站了起来，说道：

“让我来数数看！亚伯和我是两个，莎纳和莎丽是六个，再加上约翰哥哥是十七个，还有爸爸，这刚巧是一百个人——所有我们家里的人，都到齐了。”

这种糊涂算法使得这小屋子里，充满了一片笑声。

到了就寝的时候，亚伯低声地向呆站在屋角的莎纳说：

“现在，我们这个家，成了很有钱的人家了！”

“是呀。不过，我要问你，亚伯，这个新来的妈妈，你真的喜欢吗？”

“嗯，我想我会喜欢她的。她那笑声，我听了实在高兴呢！”

这对于小小年纪的亚伯，实在是一个很大的幸福。因为新来的妈妈，的确是真心爱着亚伯的；而亚伯自己，也的确是一个很乖的孩子。

到后来，亚伯当选总统的时候，对于他的少年时代，还非常怀念。他认为他之所以能够有这么一天，完全是母亲的教诲。有人这样问他：

“你说的是哪一位母亲？是你的亲生母亲，还是抚养你长大的那个继母呢？”

林肯听了，连笑也不笑，很严肃地这样回答：

“我的母亲只有一个！当我的生母去世，继母未到我家里前的半年中，我们的确很惨！而这个继母，和我的生母完全一样，所以，我也把她当做是自己的亲生母亲。”

他真幸运，有了那么好的一个继母！

小木屋里的小学

“要上学了，我要上学了！妈妈，听说学校马上就要成立了呢！”

亚伯上气不接下气地跑回家里来这样说。因为仙都利维尔镇上，已经决定要延请老师，成立小学。

因为莎丽的年纪比较大些，在家里做些纺织和针线工作比较适宜，所以，结果决定只让约翰、莎纳和亚伯三个人去上学。

这时，没有办法处理的，就是倩蒂的问题。

“亚伯去上学的话，我也要去，妈。”

这个小妹妹，最喜欢亚伯。只要是亚伯去的地方，不管那是一个什么地方，她总要跟去。

“这怎么行，倩蒂，从这里到学校要走好几公里路呢！清早，天一亮就得动身的呀。”

莎纳这样劝阻她。

“不管有多远，我都走得动。你看，我不是有两条腿吗？”

倩蒂伸出她那两条小腿来，这样回答。

“不过，倩蒂，你还不知道，在学校里，是不许随便说话的，一定要一声不响地坐在那里才行。”亚伯也这样劝阻她。

“这我怎么不知道？我会像青蛙般的闭着嘴不做声。”

“哈哈，最啰嗦的就是青蛙！若是你在学校那样闹起来，那还得了！”

“你没有弄清楚哩，我所说的青蛙，是指死去了的青蛙呀！这就没有关系了吧，妈。”

“是。倩蒂一到了学校里，也许会安安静静地读点书的。”妈妈终于同意了她去上学。

开学那天，亚伯天还没有亮就起床了，很焦急地看着莎纳在那里梳头。这时，妈妈也忙着把倩蒂的金发束了起来。

等她们梳理好头发，亚伯就带着她们高高兴兴地走了。

说起来，名义上虽然是一个学校，而那时候美国的小学，也不过是跟亚伯家的屋子相同的一幢小木屋！窗户上因为没有玻璃，只好糊上些油纸。天花板很低，老师的头几乎碰上了！

不过，亚伯对于学校的设备，并没有感到奇怪。因为他早就料想到，学校就是这样的一种情形。可是，等到一坐上那用树干和木板钉成的长凳子上，面对着手拿着藤条的老师的时候，才感觉到有点异样。

上英文课的时候，学生们在老师面前，排成一排，先由一个学生大声地念一遍，再把书交给另外一个同学，依次传读过去。轮到亚伯的时候，他就很想把那本书留在自己手里。结果，还是得把书依次传给另外一个同学。

接着，老师就把教科书里面的字，写在黑板上，叫学生一个个地念出来，然后，把黑板上的字擦掉，叫学生默念一遍。教室里，认字最多的，就是亚伯。他和比他年龄大得多的同学比，也不会输给他们。

中午休息的时候，亚伯问老师，可不可以让他留在教室里，在黑板上练习算术？老师答应了他。所以，把带来的食物吃完，其他孩子正在那里玩得起劲的时候，他就在教室里练习算术。

不过，倩蒂是被莎纳说中了，她在学校里第一天就惹出了麻烦。“是谁在讲话？是谁？”

老师发起脾气来了。可是，始终没有人举手。过了两三分钟以后，教室里又传出了说话的声音。“倩蒂，是你呀！来，到我这边来！”

可是，倩蒂一看到老师手里拿着一根藤教鞭，就装作没有看见，一动也不动。老师走到她身边，说道：“听见没有，把手伸出来！”

倩蒂抬起吓呆了的脸来，望了望老师，她并没伸出手来，却把舌头伸了出来！引得大家都笑了。

“把舌头缩进去，伸出你的手来！”

老师很生气，就这样大声地嚷了起来。可是，倩蒂却把两只手放在背后，睁大了眼睛直瞪着老师。老师被弄得实在下不了台，就举起那条长长的教鞭，往倩蒂的背上打了过去！倩蒂想逃走，却被老师一把抓住了胳膊，不让她跑掉。

倩蒂终于“哇”的一声，哭了起来。

“好，好，我要去告诉妈妈。”

倩蒂就这样边哭边嚷的，跑出了教室。老师这时也笑了出来：

“莎纳，你把那孩子带回去，告诉你家里的人，再不要让她到学校里来了。”

从这次以后，倩蒂就再也不到学校去，而且，也不再说要到学校去了。

“倩蒂到底还太小，还没有到上学的年龄。”亚伯这样说。

小乌龟的命运

中午休息时，亚伯总是在黑板上，练习 Ab-faham Lincoln（亚伯拉罕·林肯）这几个字。一天，他正在练习写自己的姓名的时候，突然从外边传进了一阵哄笑的声音。

到处都有那种顽皮透顶的孩子。这学校里的顽皮孩子的领袖，是一个年龄比亚伯大两岁，名字叫奇梅的孩子。这孩子在林子里捉了一只小乌龟来，正在那里玩弄着。

"喂，把头伸出来，赶快跑！这不中用的小东西，不肯跑吗？"

说着，举起一根木棒来，就往那小龟的背上打了下去。可是，那小龟越被打得厉害，越把自己的头和脚，拼死命地往甲壳里缩。

"这东西不肯伸出脚来走路吗？好，等着瞧就是了！"

奇梅这样说着，立刻抓住那只小乌龟的尾巴，举起木棒往龟背上打去。小乌龟被狠命地乱打乱踢了一阵以后，就像死去了似的，一动也不动地横躺在地上。

“这东西倒会装死！喂，你们去给我捡一些枯干的树枝来！”

那些顽皮的孩子，很快找了一些干枯的树枝回来。奇梅把那些干树枝点上火，烧了起来。他把烧着了的树枝，放到那小乌龟的背上，玩起火攻的戏来。

这时，亚伯从旁边跑了过去。他伸手推开了围成一个圆圈的孩子，跑过去用脚踏熄那堆火，把小乌龟救了下来。

“喂，干吗把我的小乌龟拿去？”

“你这样玩，这小乌龟不是太可怜了吗？”

“可怜也好，不可怜也好，我们玩我们的，关你什么事？”

“你们这样玩不要紧，可是，小乌龟就要被你们弄死了啊！”

亚伯这样说时，就有一个满脸雀斑的孩子，从横里跳了出来，撇了撇嘴，这样嚷道：

“杀死一只小乌龟，又有什么了不起？”

“这当然不是了不起的事情。不过，无缘无故杀害动物，总是坏事。”

“用不着别人来管闲事！我把它放生也好，把它杀掉也好，哪里用得着你来管？”

“嘿！这只龟是你的？”

“当然喽，是我刚才在林子里捉来的。”

“哼！这也许是你的，也说不定是我的呢！说句老实话，这是上帝的！上帝创造的生物，你们这样一开玩笑，可就把它弄死，难道是对的吗？”

这道理一讲出来，那个顽皮孩子的头儿，也就没有话来回答了。

“你在说什么！这个丑八怪的长脚鬼！把小乌龟还给我们！”

“管我叫长脚鬼也好，丑八怪也好，这只小乌龟是不能还给你的！”

围在旁边看着的那些孩子们，这时就凑着热闹，嚷了起来：

“打他！打他！”

奇梅知道亚伯的力气是不小的，不过，如果在这时候退缩的话，以后再也不能在伙伴面前发号施令了，所以，就硬着头皮说：

“好，我们来较量一下。可不要因为打得头破血流，就像杀猪般的哭叫起来！”

“要打架吗？我本来是最讨厌打架的。现在，靠嘴巴来讲，再也讲不清楚，索性来干一下也好。要来就来吧！”

亚伯说着，把手里的那只小乌龟交给了旁边的一个孩子，准备应战。

奇梅出其不意地向亚伯扑了过来，两个人就扭成一团，一起倒了下去，连地下的灰尘也飞卷了起来。

两个人一下子挣扎到了上面来，一下子又被压到下面去，到底谁胜谁败，一时也看不出来。可是，经过两三分钟以后，那个顽皮的孩子，就被揍得惨叫起来了！老师一听到声音，就跑了出来。

“老师，请您叫亚伯住手吧！我哥哥要被打死了！”

奇梅的妹妹急得这样哭叫起来。可是，老师却没有立刻就去阻止，只是这样说：

“不要紧！亚伯哪里会打死他。看他们打一阵再说。”

这时候，亚伯一个骑马势，骑在奇梅的身上，举起拳头乱打下去。只看见亚伯那两只特别长的胳膊，像钉锤那样上上下下，揍个不停。

“喂，怎么样，以后还要不要欺负弱者？要是已经吃不消的话，你就说一声再也不欺侮人了，我就饶了你。”

奇梅就求饶道：“吃不消了！我再也不敢欺侮弱者了！放我起来吧！”

亚伯就把那孩子拉了起来。奇梅被打得鼻青脸肿，满脸污血！亚伯一面给他揩去脸上的污血，一面这样说：

“奇梅，打痛了吧？请你原谅我。我只要你不欺侮弱者，我以后决不会再打你。”

第二天早晨，亚伯和莎纳两个去上学，当他们从林子里走过去时，看见昨天的那只小龟，已经死在那里了！他们就用泥土把它埋葬起来。埋好以后，亚伯回头对他姐姐说：

“我说，姐姐。拿龟来跟我们人比较，它实在要伟大得多哩。

龟决不会拿火来烧我们的背脊，开这种残忍的玩笑。同时，不论什么时候，它背上总是背着那座很漂亮的房子，随便到什么地方去，都没有关系。不管下怎样大的雨，龟的那间屋子都不会漏雨的。”

被雨打湿了的《华盛顿传》

那是一个暴风雨的日子。

亚伯摸索到了他那小阁楼上的床铺上时，只听见像小石子般的雨点，噼噼啪啪的直向屋顶上打下来。一面听到爸爸妈妈在下面的床上说着话：

“今天这暴风雨好厉害呀！孩子们都睡着了吧。”

“哎，看样子都睡着了。”

“我们这个亚伯，真是拿他没有办法！只晓得看书，老这样下去，养成一副懒骨头，实在不是办法。”这是父亲的声音。

“什么？你说亚伯是懒骨头？我却认为没有像亚伯这样勤快的孩子呢！看他做起那些劈柴等等的事情来，一点不输给大人呢！”这是母亲的声音。

“是啦，做事情，他还是会做，可是，看他并不真正喜欢做事。这孩子真正喜欢的，只有书本。”

“这不是很好吗？这孩子，将来一定有出息的，像他那样喜欢研究学问的孩子实在少见呢！譬如，昨天我从地下掘出了一片木板来，亚伯马上拿去洗干净，就在那块木板上，做起算术来。

“像他那样年纪的孩子，读懂了《圣经》的，我还没有看到过。因此，他决不会和人家争吵。你看，约翰和莎丽两个，不是老在那里吵吵闹闹的，吵得人家头昏脑涨吗？昨天，他们两个正争吵着的时候，亚伯就去劝他们，结果，他们就和好了。所以，当时我就对莎丽说，应该学学亚伯……”

下面的话，都是商量家务的，所以，亚伯也就睡着了。

第二天早晨醒来时，暴风雨已在不知不觉间停下来了，那爽朗的阳光，从墙壁的孔隙里照射进来。亚伯伸出手去，在用树枝堆叠起来的墙壁凹洞里摸索了一阵，就突然“哎呀”一声叫了出来。

“糟糕！”这样嚷着，他就从那代替梯子的横木上，走了下来。

“哎，怎么了？亚伯。”

“闯了大祸了！闯下了没有办法收拾的大祸来了！昨晚一场大风雨，把我的书给打湿了！”

“嗯，书打湿了？什么书？”

“是一本从克洛福德先生那边借来的《华盛顿传》。这是很贵重的书呢！”

“哎呀，这可真是糟透了。”

妈妈也觉得，这倒真是一桩大事情。

“妈，我马上就去道歉。同时，我要去给克洛福德先生做两三天田里的工作，好赔偿打湿了的这本书。”

“好，这样很好，真难得，还幸亏你想出这个好办法来。能够这样，才算你真正得到《华盛顿传》的好处了。”

三天以后，从远处传来了充满兴奋的声音：“妈妈，我回来了！”

同时，看见亚伯正从坡道上跑上山来。

“妈妈，我把书带回来了。你看，这本《华盛顿传》，人家送给我了。”也许，是因为一路跑回来的关系，同时，也说不定是因为太高兴而兴奋得上气不接下气，亚伯满脸通红。

“咦，你怎么了？”

“我对克洛福德先生说，书被弄脏了，让我帮他在田里做三天工，算是赔偿损失。克洛福德先生和别的人们听我这样一说，起初只是放声大笑。到后来，他竟哭出声来，还流下眼泪来。跟着就说，他能有一个这样诚实的孩子就好了！起初，我没有听清楚他是夸奖我，还以为是被我弄脏了书，他才哭起来的呢！”

母亲和姐姐两个，听了都笑了起来。

“跟着，他说不必到田里做事，在他那边玩几天就好了。不过，我还是到田里去做工。我帮他们摘玉米、割马草、劈柴。到了昨天晚上，克洛福德先生对我说，因为我的工作做得很好，就把这本书作为奖品送给我。同时，还要我努力，将来好成为像华盛顿那样伟大的人物。我真是太高兴了！”

当然也难怪他那样高兴。因为那是一本他在梦里也会梦到的书，现在却成了他自己的书了。这本书，是一本除了妈妈送的那本《圣经》以外，第一本属于他自己的书。

亚伯就在火炉旁边，专心致志地读着那本《华盛顿传》。后来，又读了《伊索寓言》《鲁滨孙漂流记》，布兰度克所著的《英雄传》，班扬所著的《天路历程》和《富兰克林自传》。

只要一听到某人家里有书，他就会徒步走上二三十公里，去借书来读。到最后，所有威荣·克里克森林五十公里内一带农民的家里，每一本书亚伯都读过。

一个叫做汤哈姆的老公公拥有的一本《修正印第安纳法全集》，他也借来读过。那是一本深奥的法律书。那时美国的独立宣言和宪法，都已经问世，所以，他读到这本书以后，逐渐对法律产生了兴趣。

所以，亚伯虽然只进过一年的学校，可是，在这附近一带的乡区里，他却成了最有学问的人。

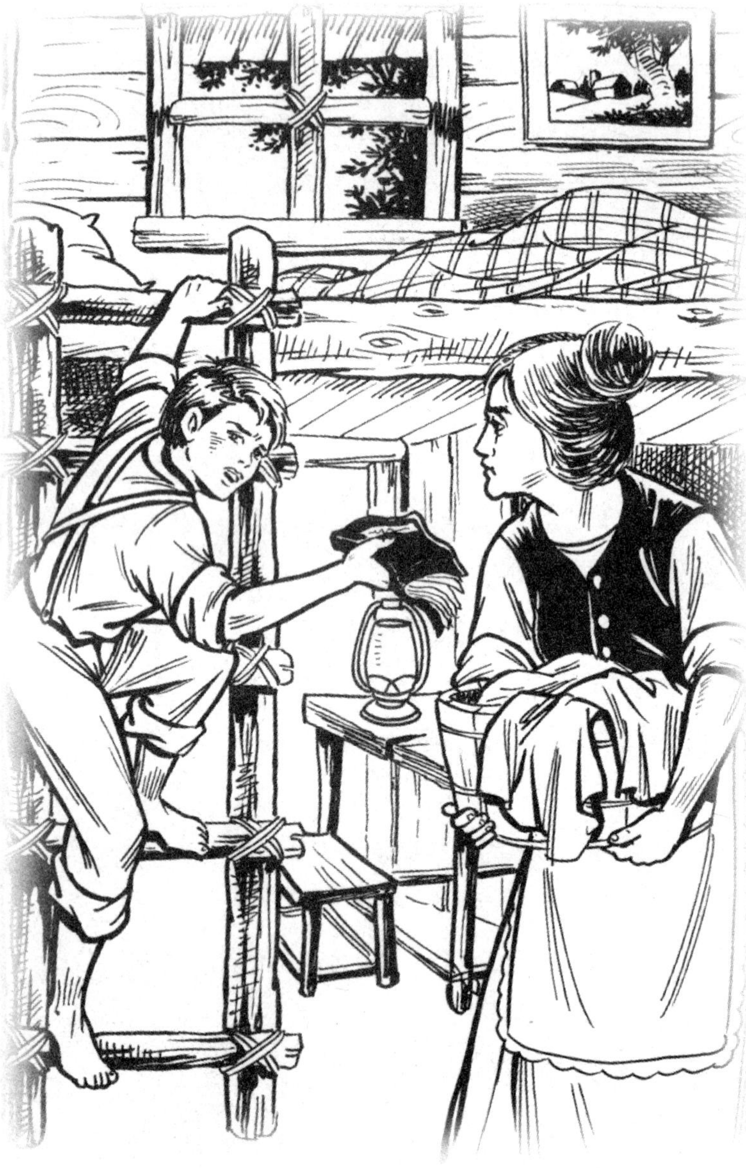

大平原的孩子

DAPINGYUAN DE HAIZI

亚伯在一天里，打下了五百根木桩，附近的农家，都非常惊异。

第一次赚到的一块钱

亚伯已变成一个一百八十厘米的高个子了。大家都说他是附近村子里使用斧头的第一好手。他虽然没有什么特殊的技巧，但是，力气大，工作效果就比人家强。大家只要一听到那种像是三个大汉一起动手把大树砍倒的声音，就会不约而同地说："亚伯又到林子里去了！"

他父亲用木头给亚伯做了一只平底船。他就把自己田地里收获来的农作物，装在船里，沿着俄亥俄河往下划，出去做生意。

这点使亚伯非常高兴。

这是他有生以来，第一次离开他那孤立在田野里的小木屋，到广大的外面世界去。

到了傍晚，一路只看见时隐时现闪耀在河岸两边的灿烂灯光。

这些初次见到的景物，使亚伯心花怒放，十分惊奇。

亚伯每到闲着没事做的时候，就把他的那只货船，停靠在安德逊河边，等候人家来雇他的船。一阵阵的波浪，冲击着河边的水草。亚伯把头斜靠在帆索上，伸直他那两条长长的腿，很安心地在船舱里看他的书。

亚伯对于这个工作非常喜欢，因为有充分的时间可以看书。

呜，呜，呜——

抛锚在河中心的一艘俄亥俄号轮船的烟囱，喷出了一阵白茫茫的水蒸气来，这是船只将要开的信号。

就在这时候，从街上窜出了两个黑影，飞也似的跑了过来。

“哎呀，糟糕，船就要开了。喂，舢板，舢板，来一艘舢板啊。喂，小孩子，你这船是谁的？”

“是我的。”

“那就请你送我们到那只轮船上去，还有这几件行李，也给一起送上船去。”

“好，可以。”

“很急了，请你快一点。喂，就是这几件行李，赶紧搬到你船上去。”

亚伯毫不费力地伸手接过了那两个绅士递给他的行李，一起装在他那只平底船上。那两个绅士也跟着上了船。

“放心，一定让你们赶上那艘轮船，先生。”

亚伯把他那只小船的船头从绿荫深罩着的岸边一横过来，就拼命地划了出去。

呜，呜，呜——

那艘轮船又拉出第二次汽笛。亚伯把全身所有的力量，都放在他手里的那支木桨上。木桨打在水面上的声音越来越急，噼噼啪啪地冲击到船边的波浪声，也越来越急迫。

黄豆般大的汗珠，一颗颗挂在亚伯的额角上，从他嘴里喷出来的气息，热得像烈火一样。可是，他还是紧咬着牙根，拼命地划着。

呜，呜，呜——

轮船上，又响起了第三次汽笛。

“喂，等一等！让我们上船！”那两个绅士，拼命挥舞着他们手里的礼帽，大声嚷着。平底船终于靠近那艘轮船了。

“好了，总算赶上了！”

咕啦，咕啦，咕啦——

那沉重的起锚声，从轮船那边响了过来。亚伯把行李递上轮船，那两个绅士慌慌张张地跳了上去。

“喂，先生，你们还没有付渡船钱呢。”亚伯这样大声一喊，那两个绅士就笑着说：

“哎，不错，竟忘记给钱了。好，你看好！”

只见两个五角的银币在眼前一闪，就扔进平底船里了。

轰隆，轰隆，轰隆——

轮船的轮舵，马上发挥出惊人的威力，冲破了波涛前进。亚伯的小船，也给那股波涛掀得摇摇晃晃的，离开了那艘轮船。

“哎呀，这是银币！可是，我没有钱找呢！”

“不必找了。这两个银币是我们给你的，请你收下吧。”

“给了我这么多钱，真谢谢你们。”

亚伯把有生以来第一次赚到的这一块钱，一把握紧在手心里，一面在打算着这笔钱的用途：

“今天真是好运气，有了这笔钱，不但可以买到我所喜欢看的书，同时，姐姐们想买的那种锋利的剪刀，也可以买给她们了。”

接着，他又深深地感觉到：

“是的，一个人，不论干什么，只要能够老老实实，拼命去工作，总是不会吃亏的。”

后来，林肯回想到这段时期的生活情形时，说了下面这几句话：

“在别人看来，这也许是一件没有多大意义的小事情，可是，这在我的一生中，是一件大事。像我这样一个贫苦的孩子，只费了那么一点点时间，凭了我的劳力，竟能够赚到一块钱，这真是连做梦也没有想到的。在我的心目中，这个世界就比以前美得多，而且也比以前更显得广大了。于是，从那个时候起，我的胸怀更加燃起了希望与自信之火。”

走向法律之路

这一天，亚伯还是横躺在平底船里看着他的书。一会儿，从对岸传过一阵声音来：

“喂，渡船的，把船划到这边来！”

亚伯一听到这大声呼叫的声音，就跳起身来，把船划向对岸去。那边有两个体格高大的年轻人，等着他把船划过去。

“你们叫我的船，要渡河吗？”

“来，你到岸上来一下，有句话要跟你说。”

亚伯就上了岸。

“喂，小鬼，你为什么来抢我们的生意？这个渡口，是我们弟兄两个向肯塔基州申请到的特许权利。”

“是这样吗？对不起，这我倒一点儿也不知道。”

亚伯很坦白地当场道歉。可是，对方却不肯就此罢休。

“说声对不起就行了吗？你这莫名其妙的家伙！喂，兄弟，你去揍这家伙一顿！”

“好，让我来。”那个弟弟，说着就握紧了拳头走了过来。

亚伯一时愣住了，垂着双手，一动也不动。

“你这个混蛋！”那个比较年轻的，像一头凶狗般猛扑了过来。霎时间，亚伯的那只瘦小的胳膊，向着对方的鼻尖打了过去。亚伯的这一拳打得实在是够劲，那家伙“嘭”的一声，倒在河岸边了。

“呵，怎么样？还要不要再来一下？我顶讨厌打架了，可是为了自卫，也就不得不如此了！”亚伯用镇静的语调，这样说。

弄得满身污泥的那个对手，一面抚摩着他那跌痛了的腰窝，勉强挣扎了起来。那两个人鬼头鬼脑地商量了一阵，然后，只听见那个挨过打的弟弟这样说：

“老大，这不行。这家伙真是不可貌相，可不是一个好对付的东西呢！我看还是到法院去，分个黑白才好。”

“嗯，这也好。喂，小家伙，跟我来！”于是，那弟兄就抓住亚伯的手腕，拉着他一起到法院去了。

虽说是法院，到底是乡下，所以，审判官的住家，也就是法院。走出来的一个叫做彼德的法官，是一个酒糟鼻子的矮胖老头儿，态度倒很和气。

“我先要问原告，你要提出的控告，是什么事由？”

“哎，我的名字叫做约翰·狄尔，在这里的俄亥俄河上，已取得了渡船的权利。可是，这个高个子家伙，他却也在这里做起渡船生意来了。所以，我把他抓了来。”

“嗯，你是在犯罪现场抓住了他的，是不是？”

“是的。我们隔着河一叫，这家伙就把船划了过来。本来打算两个人合起来揍他一顿算了，哪知道，这家伙尽管是一个小孩子，力气倒着实不小，所以，只好把揍他的问题放在后面，就把他带到这里来。”

法官一看那满身弄得全是污泥的样子，差一点就要笑出来。他终于勉强忍住了笑，装出一副一本正经的样子，拿出了一本法令书来。

“不错，根据肯塔基州的法律，凡是侵犯别人的营业权的，要处五元罚金。现在被告还有什么要辩明的？”

“狄尔所讲的话，完全是事实，我没有什么要说的。不过，有一点，我要问个明白。”

“你要问的是哪一点？”

“狄尔根据肯塔基州的法律，是不是从印第安纳州的河边，把船划到河中心去，也要被禁止？”

“这不能禁止。因为发生在印第安纳州内的事情，肯塔基州是无权取缔的。”

“既然这样，我就要说明，我承认曾经把客人送到停泊在俄亥俄河中的轮船上去，我的确做过几次这样的生意。不过，我从来没有到过对岸。”

“呵，事实是这样的吗？”

那法官这样说着，点点头。接着，他又打开法令书来，在那里东翻西阅。不一会儿，终于把书“啪”的一声合上了，说：

“现在宣告判决：原先狄尔兄弟所取得的权利，只是两岸之间的渡船的权利，被告林肯无罪！宣告闭庭。”

这出乎意料的判决，使得狄尔兄弟两个，嘴里叽里咕噜地发着牢骚，走了出去。这时，亚伯跟在他们后面，也正要走出去时，突然从背后传过了这样的声音来：

“喂，请你等一等。”

“嗯，什么事？”亚伯回过头去问。

“你叫林肯，是不是，你可曾研究过法律吗？”

亚伯听了，脸孔立刻红了起来。

“没有。我虽然也曾经打算研究法律，可是，我是个乡下种田的人，邻近村子里借得到的书，都已经读完了，实在再没有办法来满足自己的愿望。”

“你尽管没有研究过法律，可是你今天所提出的申辩，一个不懂法律的人，实在是不容易想得到的。你的头脑的确是很适宜研究法律的。你曾经读过什么法律方面的书籍？”

“读过。我读的是一本《印第安纳法令全集》。”

“这倒很难得。你还是继续研究下去的好。像你这样的头脑，

一定可以成为一个出色的法律学家……你看！”

彼德说着，指了指他背后书架上一大堆法律书：

“这里有这么多的书，有空的时候，你尽管来看。每星期二下午，是这里开庭的日子，你也可以来旁听。”

亚伯顿时觉得前途显现出了一条光明的道路来。世界上真不知有多少人，因为不懂法律而吃了大亏，饱尝苦痛。倘使能够给这些人出力，帮他们的忙，那真是一件使人高兴的事。

“谢谢你，请你多多指教！”亚伯连连鞠躬道谢以后，才走了出来。

走到门外时，太阳已经下山，河岸上已经是漆黑一片。可是在他的心头，却活跃着一个辉煌灿烂的希望。

“是的。今后得更加用功，我大概可以成为一个法学家。”

到伊利诺伊州去

两年以后，亚伯已经是一个经常来往在密西西比河上的一只小商船的船员。

十九岁的亚伯，已经是一个很体面的青年。在荒野里锻炼起来的体格，真是健壮结实。而他的态度，不论对什么人，总是非常温和谦恭，性格也很老实。他被一个叫做詹脱利的商人看中了，就把一只内河航行船交给他去做买卖。

亚伯就把赚来的钱储蓄了起来，作为将来自立的准备。

不久，林肯全家离开那住了十四年的威荣·克里克，迁移到遥远的伊利诺伊州去居住。

那是一八三〇年三月初旬的事。在那冰雪刚开始融化，还是泥泞难走的乡野道路上，一部用四头牛拉着的大货车，正在那里颠簸地走动着。在那辆大货车上，装有铺盖卷、厨房用具、半新的衣橱、纺车等各种家具。

亚伯和他父亲两个，轮流执着牛车的缰绳。车子后面，一只他们所畜养的小狗彼里，跟着跑。

他们来到一条还没有完全解冻的河边。费了好大的劲，总算勉强渡过了河去，可是，却从对岸传过来彼里悲凄的吠声来。

“哎呀，糟糕！爸爸，我们把彼里丢在对岸了。”

“怎么会把它丢在对岸呢？”

“那样冰凉的河水，彼里是游不过来的。”

“那就由它去算了。难道为了这么一只小狗，我们还把牛车退回去不成？等我们到了那边，再去找一只狗来喂养算了。”

“可是，这小狗不是太可怜了吗？把它丢在这荒野里，不是要饿死吗？爸爸，你先走一步，我会赶上的。”

亚伯跳下牛车，从河面那还没完全解冻的冰上跑到对岸，把那只小狗抱了过来。

坐在牛车上看着的林肯的母亲和莎纳、倩蒂，都这样赞叹着：

“彼里这只小狗，这一辈子不会离开亚伯了！”

那时候，亚伯身边，藏着他积蓄的三十块钱。当他从仙都利维尔镇上经过时，他就拿这笔钱，买下农家妇女喜欢的缝衣针、纽扣、小刀一类的东西，并且趁着牛车在七高八低的路上，慢条斯理前进着的机会，跑到人家家里去兜售这些日用品。

到达目的地以后一算，连本带利，一共是六十元！

经过了两星期的旅途颠簸，他们总算到达了目的地。到这地方一看，原来是一片荒野，和印第安纳州不相上下。不过，看情形这里的土地倒还相当肥沃，那些榆树、山毛榉、核桃树等树木，尽管还是寒冬的姿态，只剩下几条枯枝，可是，树身或树枝，都长得比任何地方所见过的树粗壮，在初春的阳光下，已经显出了充分的生气来。

“你看怎么样，亚伯，这地方不错吧？还是搬到这里来比较好呢。”

父亲很高兴地说。于是，亚伯就像是把旅途的疲劳完全忘掉了一般，哼着歌儿，提着斧头，忙碌地工作起来。

裹在大衣里的身体

第二天，把小屋子盖好以后，亚伯就和他父亲，一起扛着锄头到荒野里去开垦。

先把那些比人的身体还要高的枯草烧掉，然后才翻掘泥土。当亚伯每次举起锄头，去敲碎泥块的时候，总觉得有一股泥土的香味，隐隐约约地飘拂在他的鼻子边。

等耕好田地、播下种子以后，为了防止野兽来损坏农作物，就要在田地的周围，用木桩围起来。因此，亚伯连休息的空闲也没有。

亚伯工作的勤快，引起很多人的注意，他竟能在一天里，打下五百根木桩，附近的农人都非常惊异。

“真了不起，你那工作的本领，真使人佩服！”村子里的人，都这样称赞他。

可是，亚伯往往会在尽力耕作了一阵以后，突然丢下手里的农具，从口袋里掏出书本来，站在那里埋头看着。他那副样子，使人看了会起一种凛然不可侵犯的感觉。

不过，就亚伯的村子里的人看来，他实在是一个很有趣又很和善的人。当他在田里读他的书的时候，大家就围在他的周围，听他念书。

亚伯的口才也很好。他说话总是带着一点祖传的幽默，引得村子里的人捧着肚子大笑不止。那些孩子们一看到亚伯，总是纠缠着他不放："喂，说个笑话吧！"

村子里的人们，只要一提到亚伯，总是这样称赞道：

"亚伯实在是一个很有趣的人，而且，他还是一个很有学问的人呢，他没有一样不懂。"

这一年的秋天，田里的收获竟是出乎预料的丰富。不久，就进入了大雪纷飞、强劲的北风怒吼的十一月寒冬季节。

那个又高又瘦，走路时像要倒下来般的高个子的亚伯，穿着一件不合身的半新不旧的大衣，在旷野间默默赶路。在他肩头上，横着一根树枝，上面吊着一个包裹。

从他后面，传过来一阵货车走动的声音。那是由一头小驴儿拖着的一部小货车。

在那货车的车沿上，坐着一个年纪将近六十岁的秃顶的矮胖子，嘴里衔着一只和他的身材不相称的大烟斗，手里拽着驴车的缰绳。

“老板！老板！”

“什么事？年轻小伙子！”

“对不起，我有一个不好意思的请求，我想把我的上衣放在你的车上，行不行？”亚伯这样一说，那个忠厚相的老人家，就这样回答道：

“嗯，当然行喽，这有什么困难。可是，你脱下大衣，可别着凉啊！”

“既然这样，那就把我整个的身体，裹在大衣里面，一起装上车去，好不好？”

亚伯半真半假地这样一说，那个老人家不禁笑了出来：

“哈哈，你真会说话！要是一开始你就说，要我让你这么大的一个人，搭上我的车子，那时，我就得考虑一下了。现在，你却是这样巧妙地来要求我——难道我还能说不行吗？好，上车吧，就把你的身子，裹进你的大衣里面去吧！”

“那就对不起了。”

“我倒要问问，你是哪里人？看你的样子，是个十足的种田人。”

“我的家，就在前面那个林子旁边，从这里就可望得见的那个村子。我的名字叫做亚伯拉罕·林肯。去年曾经在密西西比河的一只商船上，做过一段时期的生意。”

“我早已听别人说起你了。说你一天能够打五百根木桩，是不是？”

“哈哈，关于那些要用力气的事情，倒还有点自信。”

“我是春田镇开杂货店的，奥发特是我的名字。我店里的东西，样样价廉物美，对待顾客特别客气，所以，人家对我的评价都很好。你到镇上来时，请过来坐吧。”

这老人家喜欢聊天，而且也是一个喜欢自吹自擂的人。

“谢谢你的好意。好吧，就在这里，让我把包在大衣里的东西卸下车去吧，因为我的家就在这附近。”

“哈哈，你这小伙子真有趣。真的，到镇上来时，请来玩呀，再见。”

老人家说着，就赶着他的驴车，轰隆轰隆的朝前走了开去。亚伯也急匆匆地赶路回家了。这一个偶然的机会，却开启了亚伯的新生活，这是亚伯和那老人家两个当时都不曾料到的。

大雪之夜

这年圣诞节的寒冷，是几十年来不曾见过的。呼啸在大平原上的寒风，夹带着雪花，引起了一场大风雪。

伸着手在炉边烤火的父亲，不安地站了起来，走到窗户边，低着头向窗外探望：

“嘿，这雪下得好大啊！除了雪以外，什么也看不见。”

“可是，约翰和亚伯两个不知怎么样，还没回来，真叫人担心呢。”

在屋子角落里纺着棉纱的母亲沙拉，停了停手里的纺车，这样自言自语着。约翰是到镇上卖柴去的；亚伯是到亨克斯家里，拿托亨克斯代买的书籍去的。现在，两个人都还没有回来。

“你说得不错，这雪下得这么大，实在叫人不放心。不过，他们两个好在都是年轻小伙子，再过一会儿就会回来的。赶快去准备点热咖啡，这比什么都要紧。”

“那么，我就动手煮咖啡，你到仓库里去，把铁锹拿到屋里来。”

“啊，对了。不把铁锹预备好的话，到了明天早晨，要想掘开雪，打开一条通路来，就没有办法了。”

托曼斯说着，就伸手去拉开结了冰的门闩，当他推开门，一阵阵的大雪，就往屋子里卷了进来。

“嘿！这雪下得真是厉害极了！”

跟着，母亲沙拉就跪在地板上，开始祈祷：

“请求上帝保佑我们的孩子。保佑他们平安地回家来！”

突然，托曼斯扛着铁锹，飞也似的冲进屋里来，这时，屋子里又卷进了一股雪片来。托曼斯一面拂去大衣上的雪，一面说：

“嘿，简直连眼睛也睁不开了，照这样下去，到明天早晨，地上的雪恐怕要深到肚脐边呢！不过，这也好，今年倒可以丰收。”

“现在着急的不是丰收不丰收的问题呢。那两个孩子，不知道到底是怎么了，我真担心哩。”

“担什么心，等一会儿就会回来的。”

托曼斯在椅子上坐下，取出烟斗来装上烟。就在这时候，响起了一阵“咚咚”的敲门声。

“开门呀，是我！赶快来开呀，我是约翰。”

托曼斯急忙去把门打开一看，只见那站在门口的，与其说他是一个人，还不如说是一个雪人来得恰当。

“这样的大雪，实在少见，我能够回到家里来，简直是出乎意料！”

约翰一面在炉火上伸出手烤火，一面报告回家的经过：

“赶到离家两公里的最后一段路程时，路上的积雪实在太厚了，车子已经动弹不得。那鹅毛般的大雪片，不断地飘了下来，越积越厚，眼看着车子和牛几乎都要一起被埋到雪里去了！最后，只见四周白茫茫的一片，连方向也辨别不出来了。”

“这样，你怎么跑回来的呢？”

“那时，我想到只有靠动物的本能，用嗅觉来辨别方向了。于是，我就把那只小牛先放出去试试看。那牛一被放出去，拔起腿就跑了！我一看这可糟透了，所以，当我把那大牛的轭架取下来时，立刻一把抓紧它的尾巴。”

“你真有办法！”

“那头牛就没命地飞跑起来，我也就拼命地抓紧它的尾巴，死不放手跟着它跑。结果，就被它拖回家里来。”

“哈哈，听你讲来，真好笑！可惜我没有亲眼看到这种惊险的场面！”

母亲听到这里，板起严肃的表情插嘴道：

“这有什么好笑！我倒要问你，约翰，你在路上，有没有碰到亚伯？他是骑着我们的那头拜西出去的。”

“我倒没有碰到他。那现在还没有回来的情形看来，一定是留宿在亨克斯家里了。下着这么大的雪，说什么也没有办法回来的。”

“你说得很对。亚伯要是肯留宿在那里，那就好了，不过，大家都知道他那副脾气的，所以总……”母亲说到这里，就不再说下去了。

这时，托曼斯和约翰都沉默着，能够听到的，只有那呼呼的下雪声，和火盆里的木柴爆裂时的噼啪声。

突然间，又响起了一阵敲门的声音来。

“开门呀！是我，赶快开呀！”

“哎呀，是亚伯！”

母亲首先抢步跑了过去。跟着，就和托曼斯以及约翰三个人一起动手，用力把门打开来，只见那个已经变成了雪人的亚伯跳了进来。

“亚伯，总算还好，我真是担心极了。”

母亲紧靠到亚伯身边去，诉说她的不安。可是，亚伯却痴痴地站在那里，一动也不动。

“怎么了？亚伯，到这边来坐下再说。”

“可是，我现在坐不下来。全身的衣服都结了冰，全身像穿了铁片呢。同时，那个马鞍——”

“哎，马鞍怎么了？”

“回到了家门口，我在门外想从马上跳下来时，哪知道我的裤子，已经和马鞍冻结在一起，分不开了。这时，就只有脱下裤子，或者就让马鞍和裤子连结在一起，拖着马鞍下马，这两个方法中，选择一个。结果，实在是没有办法，我就采取了后面的那个方法。”

听到这里，连母亲也跟着大家一起大笑起来。

“妈，请拿点热水来！”亚伯叉开两条腿，弯着腰。

“可是，太烫也不行呢。”

母亲就把铁壶里的温开水，泼了上去。只听见咕咚一声，那个马鞍子就掉了下来。

“不过，我倒要问你，亚伯，为什么你不趁着雪还不太大以前，赶紧回家呢？”

“事情是这样的：当我从亨克斯家里出来的时候，雪还没有下得这么大。可是，当我走到离家还有一半路程的时候，在大雪纷飞中，看到一样黑黑的东西，掉在雪地上。”

“咦，那是什么东西？”

“是一个人。仔细一看，原来是罗松老爹，跌倒在雪地里。只要再过十五分钟，恐怕就要被埋在雪里！”

“哎呀，真可怕！”

“我就下了马，把那个冻僵了的罗松老爹，抱到我的马上，送他回到他那座小屋子里去，然后，我才回家来。就为了这件事情，我拖延到现在才回来。”

“不过，那也很好，而且你也平安地回来了！今天这个圣诞节，真正值得我们庆祝哩。”

“是呀，都是托上帝的福呀。”亚伯点点头回答。

“好，火鸡也烤熟了，苹果饼也烘熟了。大家坐到桌子边来，开始庆祝吧。”

“这真太好了！来，大家都来吃吧。”天性温厚的父亲，这样说着，第一个先坐了上去。

开始独立生活

圣诞夜的大雪，就是大雪的冬季的开场。这雪以后就继续下个不止，堆积在大平原上的积雪，深到三米以上。

这时寒暑表经常保持在零下二十摄氏度到零下十摄氏度左右，森林里的动物，几乎全部冻死了，只剩下那些脚步轻快的狼。连困守在小屋子里的人们，也因为饥寒交迫而一个个倒了下去。

一天，母亲沙拉站在睡得正甜的托曼斯的枕头边：

“喂，起来吧，有非常好的消息呢。”

托曼斯张开嘴巴，打了一个哈欠：

“你在说什么？沙拉。已经是二月了，我们还是被雪困得毫无办法可想，我看不管是坏消息或好消息，都来不及了呢！”

“可是，你还不知道，我所说的消息，就是这方面的消息。雪已经开始融解了！”

“哎？雪开始融解了？这倒是一件大事！”

“好了，困守在屋子里的冬日已过，小鸟马上就要为我们歌唱了。”

就在这时候，亚伯的表哥丹尼斯来了。

“嘿，丹尼斯，好久不见了，家里的人都好吗？”

“嗯，还好，人总算都平安，可是，家畜全部完了！早知道这样的话，趁早造好一艘像诺亚方舟那样的屋子就好了！”

“哎，为什么你要这样说？”

“那冰冻了的雪一开始融化，那些小屋子简直就要一间间浮起来了。”

“不错，这倒是一件头痛的事情。”

“不过，我们也不可以太不知足。听那些从戴卡套镇上来的人说，有相当多的人家，在饥寒交迫下，全家死在屋子里呢！有些人家，被狼冲进去，连尸体都被吃光了！”

“天哪，有这样的事！”沙拉听了目瞪口呆。

托曼斯抬头望了望放在书架上的几本书：

“这一次，大家都苦够了！在我们这里，最安心的人就是亚伯一个。他每天只顾着看他的书。到了实在疲倦透了才肯放手。”

“当然只好看书啦。要是你有亚伯对于书本一半兴趣的话，也就不至于老是打着哈欠过日子了。”

“哈哈，你又来啰嗦我了，算了，我承认这不好。”

亚伯开始做种种外出的准备。

“现在，妈妈，我要到华维克区长家里，去做一些打桩的工作，本来讲妥一过圣诞节就要去的，因为下大雪，才一直拖到现在。我要的东西，帮我准备好了没有？”

“噢，马上就给你准备好。”

母亲趁着父亲不注意，把三本书塞进亚伯的替换衣裤里。

“亚伯，你讲好要在区长家打多少根桩的？”

“三千根！讲好每一百根给我五毛钱。另外还有一些工作要做。”

“这样说来，你要到春天才能回来？”

亚伯吃惊似的回答：“不，爸爸，我不回来了！”

“哎，不回来？”

“是的。我要实行我在离开印第安那时所讲的话，从现在起，我应该独立了。因为，今年我已经二十一岁了。自从迁到伊利诺伊州来以后，在这一年间，土地大致也已经开垦好了，以后，只要爸爸一个人，我想大概也应付得过来了。”

“关于田里的事情，你倒可以放心。你就这样决定要去了吗？去也好！世界是那样宽广。你要能够维持得下你自己的生活，那也好。你有这一身力气，不论到哪里，饿肚子的事情是不会有的。”

“那么，我就要走了，爸爸、妈妈，保重你们的身体！我一找到工作，马上告诉你们。”

这样，亚伯就把妈妈给他准备好的一个小行李，扛上肩头，大踏步地走出家门，出外去谋生。母亲依依不舍地站在门口看着他，直到亚伯那个高高的个子消失在前面的树林里，才悄然地走进屋子里来。

在密西西比河上做买卖

亚伯和约翰两个，坐在刚砍下来的木桩上，吃着他们随身带着的午餐。就因为那一场大雪，工作延迟三个月才开始，所以要在春天播种以前，把木桩都打好，实在不容易。因此，亚伯就把表哥约翰·亨克斯叫来，两个人一起做这打桩的工作。

“工作尽管这么多，亚伯，我们做得可也真快，看情形在太阳下山以前，和区长所订下的契约就可以履行哩。”

“嗯，大致差不多。”亚伯把塞在嘴里的面包一口咽下去，然后说，“不过，这实在是一种太吃力的工作，下次，我想找些别的工作干，换换口味。”

“照你的意思，干什么才好呢？”

“这倒还没有想到。过些时候，我想总可以碰上机会的。”亚伯漫不经心地回答。

这时候，老远看到一个骑在马上的矮胖的老人家，微笑着走

过来。

“哎呀，好久不见了。有一次，你的车子，曾经载过我的大衣……”亚伯这样打招呼。

“哈哈，不错，我是奥发特。林肯，我记得我们是在这里见面的吧。”

那老人家说着，就下了马，也在那些木桩上坐了下来。

“自从那次分别以后，我店里的生意一天天在发展，成为中西部商业大王的日子，我想已经不远了。现在，已经到了非在伊利诺伊州和印第安纳州各处，布置一个分店不可的时候了。”

一打开话匣子，老人家又拿出了他那一套带点吹牛意味的老调来：

“我的计划，是要在春田到新奥尔良这一个地段内的密西西比河上，开航一支商船队。另外，还要打造大商船，在圣嘉门河上航行。我想把这条航路定名为‘奥发特航线’，这名称很不错吧？”

“这个名称的确不错！今天，奥发特老板出来，是不是有事？”

“嗯，是的。说句老实话，就是来找你商量商船队的事情的。刚才我讲的那些大计划，是要等将来一步步实施的。目前，我想先打造一只内河船，航行到密西西比河河口的新奥尔良去。因此，我正在物色一个船上管理人。我好像听你说过，你在内河的商贩

船上，曾经做过事，是吧？”

“原来是这样啊，那也好，我在这里的工作，今天就可以结束，只要条件合适的话，我可以到你船上去工作。”

“这个机会真不错。薪水是二十块钱一个月，你看怎么样？”

“可以，就这么决定吧。那么，船上另外要用的人都决定了没有？”

“没有，我还得请两个人。”

“既然还要请人，你看现在这里的这位老兄，合适吧？亨克斯，你想不想去？”

“嗯，去干干也好。”

“另外，我的表兄约翰斯敦，只要跟他谈一谈，我想他也愿意去的。”

“这真是太好了。这样，我就把船上工作人员的事情全部交给你去办好了。”

事情就这样谈妥。不一会儿，奥发特敲掉了烟斗里的烟灰，回家了。奥发特走了以后，亚伯回过头来望了望亨克斯：“你看怎么样？约翰，我看倒有点办法了。”

“不错。不过，我倒没有想到会这样快。”

到了三月底，因为和奥发特已经谈妥，林肯和亨克斯以及约翰斯敦三个人，就结伴到春田去。奥发特一见到他们，很高兴地欢迎这三个青年来帮他做事：

“喔唷，你们三个真的一起都来了。真是再好也没有了。”

“那么，我们要做买卖的那艘船呢？”

“问题就在这里啦。那艘船，到现在还没有造起来呢。所以，我就想索性让你们三个人自己动手来打造算了。所以，我老在等你们，希望你们能够早点来呢。”

“嘿，要我们来做造船的木匠吗？好，那我们就赶紧动手吧。”

于是，他们就到邻近的锯木工厂去，买了几片船板来。四个星期以后，一艘六米长、两米半宽，可说是相当大的内河船，就打造成功了。这船在这一带，已经是一艘了不起的大船了。

“真了不起！这比去请那些蠢笨的木匠来打造，要高明多了。”

“还用说吗？这是家学渊源，我的父亲就是个木匠呢！”

“这真是值得我们高兴的。这一次是‘奥发特航线’的处女航，请你们好好地干！”

船里装满了咸肉、小麦以及其他各种食料等物品。这一艘商船，就从圣嘉门河航行到主流的密西西比河去做买卖。

黑奴市场

沿着大河做买卖，林肯已经有过一次经验，所以非常顺利。他们沿着大平原中央的河流，一直驶到密西西比河上去。在河流沿岸的各个村落以及市镇上，到处做着买卖。等到驶到新奥尔良的时候，船上所装载的东西，差不多已经销售一空。

新奥尔良，在当时是美国南部首屈一指的大都会。码头上，停满航行欧美的大轮船。

街上，戏馆、歌剧院、酒吧、餐厅，一应俱全。赌场和跳舞厅，也样样都有。此外，还有跑马场以及游艺竞赛场。街道上到处是法国人、西班牙人、美国人，穿着各种不同的服饰，来来往往，非常热闹。

林肯和表哥亨克斯，一起在街上游览。走到一条街道的拐角时，林肯突然停住了脚步，原来，他看到在墙上贴着好多字条。其中一张字条上面这样写着：

“黑人，廉价出售，高价收购。”

另外一张字条，写着这样一行大字：

“廉售农业佣工、男女仆役、细工、厨师、水手、铁匠、洗衣工人和其他各种工人。”

还有一张写着：“各种黑人俱全，一概现金交易，也可以寄售。”

“这简直是和买卖农具的广告没有分别，而且比牛马还不如！”亚伯看了这些字条，不禁这样自言自语起来。

他跟着街上摩肩接踵的行人，来到一个广场上。只见广场的角落里挤满了人。他从群众的头顶上，抬头往广场角落里仔细瞧，看见一座小小的台子上站着两个人：其中一个穿着漂亮的燕尾服，长着满脸胡须，一顶高桩儿的礼帽，歪戴在头上；另一个是黑人。在他们旁边，几个手脚被铁链锁起来的黑人，垂头丧气地呆坐在地上。

这个满脸胡须的人，举起一个锤子，在台上“咚咚”地敲了起来：

“大家看，怎么样？年纪虽然不小，可是还很健壮呢！这个老黑人，只卖一百块钱！”

他一说完，群众中就有人喊出了这样的声音：

“一百二十块钱！”

“有人给一百二十块钱，看谁能再加一点，就可以成交了。”

“一百五十元。还有人加吗？没有就脱手了。一百五十块

钱！”

“一百六十五元！”

“好，一百六十五元！老板，这是难得的货色呢！”

台下还有许多被铁链锁着的黑人。其中有头发像芦花那样白的老人，也有年轻的少女。有盘膝而坐的小伙子，也有手里抱着小孩的母亲。

“这一次轮到你了。到这边来！”

一个穿着一件红黄条纹夹克的人，狠狠拉一个黑种女人的手。这女人虽然没有戴手铐，脚上却拖着一个沉重的铁球。

“快些，怎么这么慢！”

那女人没有办法，只好抱着孩子站了起来。就在这时候，她手里的孩子被抢了过去。

“不行，这孩子……”

“你在说什么，拖着这样一个小鬼，谁会来买你呢？放在这里卖吧，现在，只卖你一个人！”

这人冷酷地说完话，就把那个女黑奴拉走了。而那个被抢了去的孩子却在那里哇哇哭叫：

“妈妈，等一等，带我一起去呀！”

那孩子边哭边跟在母亲后面，那个穿着夹克的人就骂道：“嗐！讨厌！”说完抬起腿来，“嘭”的一声，踢了那孩子一脚。那孩子应声跌倒，“哇”的一声大哭起来。

林肯看着这残酷的一幕，不由得全身战栗。他的眼睛血红，双手紧握着拳头，愤怒得恨不得马上跳过去打抱不平。亨克斯一看情形不对，就拉了拉他的衣袖："亚伯，走吧，这些家伙真狠，竟做得出这样残酷的事情来，实在看不下去了。"

"嗯。"林肯虽然愤怒得咬紧牙根，但也只好跟着亨克斯，不声不响地从看热闹的人堆里走了出来。可是，他那基于人道的愤怒，却怎么也按捺不下去。

他一面走着，嘴巴里却像是发着高热般喃喃不止地说着话。当他走到一条行人绝迹的马路上时,就突然停住了脚步叫道："约翰！"

"什么事情？"

"我们白种人到底有什么权利，竟可以那样虐待黑人？"

"你没看见他们个个都是软弱不中用的人吗？这有什么办法？"

"哪里？你说得不对。黑人也一样是神所创造的人类呀！不错，不论从智力或体力方面来说，他们都比不上白种人。可是，就凭这一个理由，而自认为可以欺侮人的话，那么，万一有一种比白种人更强的人类出现时，我们白人，不也就要和那些黑人一样，被铁链锁起来，挨鞭子、受毒打了吗？"

林肯滔滔不绝地发他的牢骚："无论如何，这总是一个不可饶恕的罪恶！约翰，我若有一天有了权力的话，一定要来解决这

个问题！即使拿我这条命去拼，也要把这个问题解决！奴隶制度，是美国的耻辱！应该被诅咒！这是一种罪恶！”说着，他心里感到很难受，就抬头仰望着天空。

天已经黑下来，南国澄澈的天空里，闪耀着一颗颗银星。他一想到在景色这么好的市街上，竟会有人干着那种拿人来做买卖的勾当，不禁难过得掉下了眼泪。

于是，他就抱着一颗坚强的决心，回到船上去。

诚实的亚伯

CHENGSHI DE YABO

林肯眼前一亮——那正是他日夜想读的法律方面的书籍。

好说大话的老板

在距离春田镇三十公里的江边，有一个叫做新撒伦的小村子。夏季的七月间，在这人口只有一百二十个人的小村子里，有一家颇具规模的杂货店“奥发特商店”正式开张了。

亚伯拉罕·林肯两手扶在柜台上，弯着腰、曲着背，不断地跟一些乡里来的顾客交谈着。他在密西西比河的商船上做买卖期间，颇受奥发特先生赏识，不久，就被调派到这家新开张的店里来工作。

店里面堆满各种杂货和酒桶。这是一家乡村杂货店，从盐、糖到茶叶、鸡蛋以及布匹、帽子、手套、袜子、皮鞋等，样样俱全。

在店铺的柜台外边，放满了农家用的犁、锄头和铁锅等用具，墙壁上还悬挂着旧式的长枪。

亚伯是一个很诚实的人，工作也很卖力；不但体力很强，而且还很有学问。此外，他说话也十分风趣，所以很讨人喜欢。

"那个奥发特老板店里的一个叫做亚伯的掌柜，真想不到竟是一个那样诚实的人！有一次，我在这家店里买了一袋茶叶，到了晚上有人来敲门，我很奇怪，马上出去看，原来是亚伯。他说事后一查，发觉那一袋茶叶斤两不足，特地补送些茶叶来。他又再三向我道歉，才放下茶叶回去。我并不是重视那一点点茶叶，而是被他的诚实感动了。"

"是啊。有一次，他少找了三分钱给一个从乡下来买东西的顾客，竟在晚上走了六公里的夜路，把那三分钱送还，这实在使人敬佩。"

"而且，他很喜欢孩子，我家里的孩子，每天一吃过晚饭，连嘴也不擦，说声听故事去，就跑了。"

不论到什么地方，都可以听到"亚伯真老实"这一类夸赞。店里的生意也非常好。奥发特坐在沙发椅上，不住地从那大烟斗里喷出烟来，那副得意的神情，实在滑稽。

这老板总是说，这店里所卖的东西，比波士顿或华盛顿的货品都要高出一等。不管是酒、糖、苹果、纸烟，尽管是同样的货物，只要是摆在他店里，就变得特别好。

"总而言之，我这店里卖的都是第一流的货色，而价钱却是最便宜的，对待顾客特别亲切，你只要看看我们这个掌柜！这样能干的掌柜，在全美各地去找，怕也找不出第二个来呢！"

自拉自唱的老板，牛皮越吹越多：

“就在两三天以前，那么大的一桶威士忌酒，运到了店里来。用两头马很吃力地拖来的一桶酒，说起来简直要吓坏人，亚伯却轻飘飘地独自抱了起来，而且举得比眼睛还要高些！在你们之中，力气这样大的人，我想找不出一个来吧？只要他伸出小指头来一摸，包管叫你们的肩胛骨粉碎！”

自吹自擂过了度的时候，听的人也会冒起火来的。

“老板，你说得不错，亚伯力气大，我们是知道的。可是，你说在我们的同伴中，没有一个像亚伯那样有力气的人，这句话，我们却听不进去。”

“你们是说，你们这群人里面，还有力气比亚伯要大的人，是不是？”

“当然有喽。单说安斯屈伦就好，他是邻近一带有名的摔跤选手呢。”

“真的吗？这倒很有意思，我们就叫那位安斯屈伦和我们的亚伯，两个人来较量一下。要是亚伯输了，那我就再也不夸口了。”

“可以。那么，老板，我们就这样一言为定！”

“当然可以。明天是星期天，比赛时间就定在下午两点，地点是村里的广场。”

奥发特就在亚伯有事外出，不在店里的时候，决定了这场没有名堂的比赛。亚伯回来，一知道这件事情，拼命摇头，奥发特却一面摸着他那个秃头，一面不住地劝说，最后，亚伯也只好接受了下来。

交到一个好朋友

那一天，村子的广场上挤满了人。大概是那个爱说话的奥发特到处去宣传的结果。

“今天这场比赛，你看怎么样？”

“那当然是安斯屈伦赢喽。你看他那副身材，实在名不虚传。人家叫他‘野牛’，到底没有错。”

“不过，最近来到这里的那个叫做亚伯的，看样子也着实有一手哩。尽管瘦巴巴的，可是骨架很粗壮呢。所以，要是给他那只铁腕一把抓住，恐怕连一只公牛也要倒下来呢。”

“听说，当他在印第安纳的荒野里工作着时，有一只野牛就被他活活地扭死了！”

“怪不得他把一大桶啤酒，拿在手里如同玩耍一般。”

这些话，真是越来越过分。当然，这都是奥发特老板的宣传攻势。

不一会儿，被大家那样重视着的亚伯，拖着他那两条特别长的腿，慢条斯理地来到广场。奥发特这时简直兴奋得要发疯似的。

“亚伯，要尽力干一下呀！要是败了下来，以后我的嘴就说不响了。”

“好吧。可是你也用不着急成这个样子，慢慢瞧就是了。”

亚伯这样回答。那些看热闹的人，个个都望着老板的圆秃顶掩口而笑。

终于比赛的时间到了。

“安斯屈伦，你把那个高个子好好地教训一顿！”

村子里青年集团的一些急性子的人这样在旁边大声呐喊。

“不能失败！亚伯，要留神！”奥发特突然站了起来，为亚伯打气。

大家看看那个安斯屈伦，的确不愧为一个摔跤选手，他那个向前略略弯曲着的、像牛一般的身体，使劲地伸出两只胳膊的姿态，简直像一座铜墙铁壁。亚伯却是呆站在那里，仿佛风一吹就会倒似的。

最先两三分钟的时间，双方都鼓着眼珠，直瞪着对方。突然，“野牛”安斯屈伦凶狠地向亚伯猛扑过去。亚伯很快伸出他那只特别长的大手，一把抓紧安斯屈伦的肩膀，再用双手把对方高大的身体没命地推过去。安斯屈伦也使出全副力气回推过来。

看热闹的人都捏了一把冷汗，不声不响地站在一旁。老爱说话的奥发特老板，也把他那个大烟斗塞进了口袋，张着嘴巴，目不转睛地看着。

突然，亚伯的左手往对方的腰窝里一推，就像开动了一架起重机一样，安斯屈伦那个公牛般的身体，立刻离开了地面！

“亚伯，整垮他，把他打倒！”

可是，亚伯从一开始，就没有安着胜败的心理，他不想把对方摔在地上，免得对方在众人面前出丑。

他慢慢地把安斯屈伦按下去，认为这已经分了胜负，所以就展开笑容，打算走开，结束这场无意义的比赛。

想不到安斯屈伦从他背后反扑上去，一面伸出腿来狠命地向林肯踢去！这是摔跤比赛中禁止使用的一手。

亚伯的身体被踢得摇晃了几下，可是，他的脚还是站得很稳。

“这太卑鄙了！好，重新来，来一次光明正大的比赛。”

亚伯说着，双手叉住了安斯屈伦的喉咙，用力把他举起来，一直举到头顶上面，还在空中将他摇撼了两三下。

“哎呀！”观众大声惊叫了起来。

这时“乓”的一声，安斯屈伦巨大的身体被摔倒在地上！亚伯的力气实在大得惊人。

“这还得了！”

七八个安斯屈伦的伙伴，也是当地青年集团的成员，七嘴八舌地喊着跳了出来，亚伯一声不响地站在那里，冷静地看着他们。

这时有人大叫：

“要替安斯屈伦复仇！”

另外又有七八个人，也这样嚷了起来。于是，就有十五六个青年，把亚伯围了起来。

可是，亚伯还是非常镇静：“大家不要误会，今天是摔跤比赛，不是打架。”

不过，亚伯的态度越是镇静，那些青年越来得凶狠：

“你在说什么！我们的同伴挨了打，就不声不响放你过去吗？大家来，揍他一顿！”

“真的要打吗？我最讨厌打架，今天实在没有办法，就只好打吧！”

亚伯不慌不忙地把腰里的皮带系紧。就在这紧要关头——

“等一等！等一等！”

被摔得几乎昏过去的安斯屈伦突然大声嚷着，站了起来：

“架是打不得的！刚才做出了卑鄙举动来的，不是他而是我！这次是我的不对！”

安斯屈伦一面这样说着，一面从人群里挤进去，和亚伯握手。这个安斯屈伦倒真是一个好汉。

亚伯也伸出手来，紧紧地握住对方的手。

“安斯屈伦，我刚才一时气愤，把你摔得那么厉害，真对不起！痛不痛？”

“不，没有什么。不过，你的力气的确大得惊人。这里有了你这样一个人，今后我们就宽心多了。从今天起，咱们做个朋友吧！”

“嗯，我们做朋友吧。今晚有空的话，请到店里来玩玩。”

“一定去，一定去！”

于是，那些一直担心眼前这个局面不知如何收拾的村人们，这才放下了心。

经过这场比赛以后，亚伯成了被大家器重的人了。同时，从这件事以后，亚伯和安斯屈伦，成了最知己的朋友。

黑鹰战争

一年以后的一个夜晚。和林肯很有交情的一个叫做格拉罕姆的学校老师，还有安斯屈伦等五六个青年，闹哄哄地一起到店里来看他。

“今天是来商量一件重要事情的。你大概也知道，州议员的选举就要开始了。”

“那么，可有竞选的人？”亚伯问。

“嗯，有一个人是再好不过了——最有希望的竞选人在这里。”

“是谁？”

“是你呀！”

“咦？”林肯的两只眼睛，立刻瞪得又圆又大。

“不要开玩笑，年纪才二十三岁的一个掌柜，要去当州议会的候选人，不是要笑歪了人家的嘴巴吗？”

“哪里，决不会有人笑话你。在这附近，要是真有一个最受大家爱戴、最被大家信任的人的话，那人就是你。“诚实的亚伯”这个名字，即使在偏僻的山地，也很响亮。我们要找到一个代表来的话，除了你以外，再也没有别人。”

“原来是这么一回事。不过，这总得让我仔细考虑考虑才好。”

林肯就不声不响地闭起眼睛沉思起来，大家也都沉默着不做声。

过了一会儿，林肯睁开了眼睛：“各位朋友，我已下决心了！”

“你决定干一下吗？”

“干一下！美国是一个民主国家，人民真要在自己的同伴中，选择自己的代表，那就不必一定要选择那种有名而自以为了不起的人。只要大家认为我可以代表大家，不会丢各位的脸，那我就去参加竞选。”

“谢谢你！说句老实话，你总是这样谦虚，事实上，像你这样有学问，而且人格高尚的人，在这伊利诺伊州内，并不多见呢。”

于是，这些青年马上定下一个作战计划，开始他们的选举活动。

时间是一八三二年的春初。林肯就在新撒伦的十字路口，站在一座小小的台上，向着村人发表他的竞选演说。

这时，远远传来一阵马蹄声。

“州长有布告来了！印第安人打过来了！战争爆发了！”

一个派来传布命令的人，骑在马上这样大声地嚷着，一边就把马停在广场的正中央。

林肯停止演说问：

“这是怎么一回事？”

“黑鹰终于起兵发动叛乱了！土人的军队也已经渡过密西西比河，攻进了伊利诺伊州。”

“哎呀，这还得了！请你到台上来，因为这问题比我的竞选演说重要得多了。”

“那就对不起了。”那个传布命令的人马上走上台去，从兜儿里摸出一张被汗水沾湿的布告来：

“本州的民众们：印第安人的酋长‘黑鹰’发动叛乱了，他们一路焚烧各地的村庄，杀害村里的居民，现在已经侵入伊利诺伊州来了。这批叛兵的数目，现在还不大清楚；不过，政府认为事态非常严重，已经发布戒严令，为了镇压这场叛乱，要在本州招募义勇军。”

这消息一发表出来，群众中就响起一片叫闹声。那个传布命令的人又说：“现在,我就在这里招募义勇军,有人愿意参加吗？”

那人一说完，大家就都举起手来，可是乱糟糟的没有办法处理。

“这样不行，我看还是这么办吧。愿意参加义勇队的人，请在这里排好队。这样很好。请问贵姓？”

“我是汤马斯·道奇。”

“好，请问后面这位贵姓？”

“我是安斯屈伦·安斯屈伦。”

“喂，请不要挤，请问后面这位贵姓？”

“我是亚伯拉罕·林肯。”

“请你签名。请问后面这一位？”

于是，这个竞选演说会场，立刻变成了一个义勇队的编组场。

土人的生命

新撒伦地方的义勇队集合好以后，一看，有的戴着一顶阔边帽，肩上扛着一支猎枪；有的在夹克上面，挂着一柄祖传下来的长长的军刀，还很威风地向大家说明，这是独立战争时祖父曾经使用过的。从形式来说，这简直是一群乌合之众，但精神倒是很充沛的。

“不过，我们这支队伍，总得选个队长出来才行啊。”这个中队开到立基蒙德时，安斯屈伦提出了这个建议。

“这个队长，要叫别人来干，不如让我接受下来。我看另外没有什么适当的人了。”

一个叫卡克巴屈立克的财主，也是村里很有势力的木厂老板，这样说。

“不错，你也是一个很适当的人，可是，我们想叫林肯来担任这个队长的职务。”

安斯屈伦这么一说，队伍里立刻响起一阵掌声。林肯拍拍老朋友的肩膀：

“别推举我呀，安斯屈伦。关于军队里的事情，我实在外行，连口令也不会喊呢。”

“大家还不是一样，卡克巴屈立克也不会呢。既然这样，我们就这么办吧：你们这两个候选队长，就在这广场上，各人站好在一个地方，大家愿意选谁当队长，就到谁的后面去。大家明白了吧？”

“好，明白了。”

这真是一个非常奇特，同时也简单明了的选举方法。林肯和卡克巴屈立克，就分别站在广场的两端，那些义勇兵就分散开来，各人站到自己所愿追随的人的后面去。

“哈哈，这真了不起！亚伯。你看，我们这边有一百多人，那边却连二十个人都不到，这是五对一的大胜利！”

接着，本来站在对面那排的少数几个人，也一个、两个悄悄地溜了过来，加入这边的队伍。于是，对面的队伍，就只剩下卡克巴屈立克一个人！

“林肯上尉万岁！”

那些年轻小伙子，就向年轻的中队长大声欢呼。

起初，这不过是一个没有装备、也没有训练的义勇队。而且，其中还有些生性倔强、蛮不讲理的人。过了一段时间以后，大家都被林肯善良的心地以及为了正义不惜牺牲生命的勇气感化了，不管任何命令，都心悦诚服地接受。

只有一个困难不容易解决，那就是林肯上尉不会喊口令。

那是这个队伍在广阔的田野里，编成四列纵队行进的时候，所发生的一件事。他们走到一个狭窄的门前，无论如何非变成一个单人的纵队才能通过。可是，林肯上尉就不懂得怎样喊口令来变换队形。他实在没有法子，就把长剑一挥，大声嚷道："中队解散，两分钟以后，在门的那边集合！"

这真是一个临机应变的口令。

"什么？这是什么口令！"安斯屈伦这样一说，哄然一声，大家都笑了出来。可是，过了两分钟以后，这个中队，就在门的那边整理好了！

"现在集合好了，大家前进！"义勇队又开始继续前进。

这时正是这场叛乱闹得最凶的时候。林肯带着五六个部属，急匆匆地护送一个印第安土人到安斯屈伦逊镇上去。

这个时候，声势浩大的印第安土人叛军正在洛克州一带，到处骚扰，他们放火烧屋，到处抢东西，随便残杀妇女和小孩。义勇队对印第安人的憎恨，越来越深。

林肯这队人走近安斯屈伦逊镇时，忽然从隐蔽的地方跑出二三十个当地的守备队员来，把他们包围了起来。

"止步！这个印第安人是什么人？"

“这个印第安人并不是黑鹰手下的人，而是一个善良的老百姓。”

“你怎么知道得这样清楚？那些红人只要一看见白种人，不是不分青红皂白，一概杀死吗？我们也要如法炮制！”

那些守备队员这样说着，就托着枪，逼近林肯他们身边。

“不，情形不同啊。这个印第安土人是今天早晨逃到我们队伍里来的。他并不是叛兵，和叛兵也没有关系。我这里还带着一份我们义勇军本部卡斯将军所发给的证书，这土人决不是白种人的敌人。”

“你能保证这张证书不是伪造的吗？”

当林肯正在和对方的队长这样辩论着的时候，无意间抬头一看，只见守备队的兵士，已经抓住那个上了年纪的印第安土人，将他绑到了旁边一棵大树上去。

守备队中的一个人，双手举起短枪，正要扣动扳机的时候，突然听到一声大叫：“等一等！”

林肯跑上去把那两三个守备队员推开，又回头将从后面扑过来的人拦腰一抱，摔了出去；挡在他面前的人，也被他三脚两脚踢开，然后，他飞也似的向那被绑着的印第安人那边跑过去。

“等一等！你一定要开枪的话，就请先打死我！”

林肯站定在印第安人面前，展开两只胳臂，极力维护弱者，那副样子实在英勇！那兵士终于把枪垂了下去。

林肯把被绑的土人解开，那印第安人立刻咕咚一声跪在地上，不住地流着眼泪。

“上帝，请求你降福给这个好心人吧！”那印第安人心里一定这样虔诚地祈祷。

垃圾中的珍珠

这一场充满恐怖的印第安人的叛乱，费了三个月的时间才告平定。叛乱的首领黑鹰也被擒获。林肯又回到新撒伦去。

回到新撒伦时，距离州议会议员选举的投票日期只剩一个星期了。选举的结果，不出预料，林肯惨遭落选。

“真可惜，要是再有一个星期的竞选时间的话，我相信一定会胜利。”安斯屈伦痛惜着这场失败。

“这有什么关系，谁会为了这个小小的失败，就失望难受呢?再过两年，又要选举了，尽管这次失败了，下次我一定会成功的！”林肯反而这样安慰他的朋友。

“虽然没有当选，不过新撒伦村全村两百八十四票，就有两百七十七票投给你。”当地学校里的老师格拉罕姆这样告诉林肯。

“这样多少挽回了我的面子。这就证明，凡是认识我的人，都投了我的票……不过，今天晚上，有一件事情，我要和大家商量商量。”林肯说着，从衣袋里摸出一封信来。

“奥发特写了这样一封信来……原来，这位老人家，近来在各方面事业盲目地扩充，欠人家的钱，就一时周转不过来了。所以，短期内，他不想在这一带露脸，关于店里的债务，要我帮忙解决。”

“这可糟了。那么，你打算怎么办呢？”

“怎么办？如果没有别的工作，我还不是要帮人家去打木桩，一切只有从头做起。”

“这怎么行呢？难得的是这村子里有这家杂货店，大家都方便多了，所以都非常支持。我看还是由你来把店继续开下去吧。”

“这种事是不能勉强的，我是一个钱也没有的穷光蛋，这点你不是不清楚的。”

说到这里，格拉罕姆老师插嘴了：“哪里会穷得这个样子，你手里的资本才不少哩！”

“咦？这话是什么意思？”

“不是有句老话：‘信用就是资本’吗？‘诚实的亚伯’在这一带叫得非常响亮呢。只要你决定继续把这间店铺做下去的话，店里需要的货物，你要多少，人家就会给你送多少来。所以，你肯干的话，尽管身无分文，生意还是做得起来的。”

“真的吗？”

“当然是真的喽，我劝你一定要干一下。”

安斯屈伦也赞成。亚伯就哈哈大笑：“可以说，投票的结果，是二对一吧。既然这样，就照你们二位的意见，让我来把这店继续开下去吧。”

这样一决定，这家商店的招牌，就改为“培利·林肯商店”，由林肯和一个叫做培利的朋友，两个人合伙来经营这家杂货店。

他不认为自己的个性适合做买卖。不过，好在这里是乡下，那些农户，从老远的地方赶到这里来买东西，大概都在中午。这样，上午就非常清闲。他就趁着这段清闲的时间，跷起他那两条长长的腿，安安静静地读他的书。

到下午虽然会逐渐忙起来，可是一到傍晚时分，店就打烊，这时村子里的年轻人，就三三两两地到店里来玩。林肯还依照那个喜欢喝酒的培利的吩咐，特别把酒卖得便宜一点，好让大家都能够喝到一杯廉价的酒。所以，这店铺简直成了村民们的俱乐部。同时，也为过路人供应一些简单的饮食；有时候，还让一些过路客商，在店里投宿过夜。

一天早晨，亚伯在打扫店铺的时候，在屋子的一个角落，发现一个旧桶，横在那里。原来，前一天，有个人跑进来吃了一顿午饭，大概是要迁到什么地方去的，说是车子实在装不下了，要求店里把这桶收购下来，所以就把它从车上卸了下来，放在店里。那是一只装满零碎杂物的旧桶。当时，林肯为了帮那人的忙，才花了一块钱把它买下来；可是，事实上店里又用不上，所以就让它罩满灰尘，横在角落里了。

“不错，今天很空闲，我来把这旧桶清理一下。”

林肯就拔去钉子，把那只旧桶打开来。那人说得一点也不错，把桶里的东西倒出来一看，果真全是些零碎杂物。

“这桶里净是些破铜烂铁！”林肯心里好不自在，就伸手到桶底去摸了一下，手指尖去触到了一种像是簿册一类的东西。

“哎呀！”林肯立刻眼前一亮，就把那东西拿了出来。一看，那正是他日夜想要读的法律方面的书籍！

他高兴得跳了起来。这真是一件出乎意料的好东西。他把收拾这堆烂东西的事情也忘了，就开始读起那本书来。

这时候是夏天，正是农家工作忙碌的时候，所以，店里非常清闲。他就趁着这个机会，开始研究法律。

他向那个黑鹰战争中相识的斯狭耶脱律师，借读那有名的勃兰克斯顿的法律书籍，也正是在这个时候。他肩上背着这一套四册沉重的法律书籍，从春田到这村里，一天来回徒步走了七十公里！在路上，林肯边走边读，到家时已读到第一卷的第四十页了。

这样，日后成为法律学家和政治家的林肯，就逐步在进展中。

帽子邮局

一年以后。

“培利·林肯商店”的营业情形，并不怎么顺利。到了傍晚，虽然店里还是挤满着村里的年轻小伙子，看样子非常热闹。可是那个合伙开店的培利，是一个嗜酒如命的人，店里大部分酒，都被他喝了，等到一算账，亏空很多。

“培利，再这样喝下去，店要关门了！”

“我喝得这么厉害吗？”

“照账面上来说，你喝了店里两百多块钱的酒呢！这还不算，你喝醉了酒，把店里的顾客也都赶跑了！前几天，一大清早你不是喝得酩酊大醉，躺在柜台边呼呼大睡吗？”

“哈哈，那可真是闹大笑话了。”

“不过，那时候，我还是把腿跷在柜台上，只管读我的书，所以，说句老实话，我们两个，正是半斤八两哩。”培利听了，又是一阵哈哈大笑。

“总括说一句，我们两个都不是做买卖的人。”

“一点不错。所以，我看还是照上次商量的办法，把这店结束算了。”

这时，有人推开门走了进来，原来是学校里的格拉罕姆老师。

“嘿，你们这样早就起来了？我从门外经过，看见屋里有灯光，所以进来看看。你们又开始工作了吗？”

“哪里，我们正在商量，打算结束店务。”

“咦，生意不好吗？”

“不是，说亏本倒也没有亏什么大本。刚好屈伦德弟兄几个有意思要把这店顶去，所以，我们就打算不做了。”培利回答。

“原来如此，这样也好。不过，你们要把这店出售的话，一定要现金交易才行，尤其买主是屈伦德弟兄，那就更得小心了。”

格拉罕姆说完，就走了。

可是，林肯把店让给屈伦德弟兄经营以后，并没有取得现金，这实在是一个大错。屈伦德接手以后，做了一个短时期的生意，就在一天晚上席卷而逃了，连逃到什么地方去都不知道！更不幸的是培利不久就去世了！结果，林肯独自背负了一笔一千二百元的债务。

当时，在美国新开垦的土地，有一个习惯，就是当店铺宣告破产的时候，所欠的债务，不还是没有关系的。可是，这个“诚

实的亚伯”，决不肯做赖债的打算。

这笔债务，对于身无分文的林肯来说，是一笔算不清的巨债。事实也如此，他还清这笔债务，前后花了十五年的时间。

一夜之间，弄得贫无立锥之地的林肯，在走投无路的情况下，只好暂时栖身在好朋友安斯屈伦家。

“有什么关系，住在我这里好了。在没有找到适当的工作以前，尽可安心地住下来。多了你一个人，我还不至于马上就弄得捉襟见肘。”安斯屈伦很亲热地安慰林肯。

“谢谢你的好意。不过总是对不起你，因为你有太太，还有小孩，负担不轻呢。”

“哎呀，何必这样想呢！有困难的时候，彼此能互相帮忙，这才算是朋友呢。”

于是，林肯就在这朋友家里住了下来，有时候帮忙，带一个叫做威廉·安斯屈伦的小孩，有时候，帮忙做点家务——林肯就这样度过了一生中最困难的一段时期。

不久，由于格拉罕姆老师的帮忙，林肯找到了一个测量技师的工作。为了要担任这个职务，林肯每天晚上用功到两点以后，又抱着欧几里得的几何学，孜孜不倦地研究测量学。叫普通人去学，不管怎样用功，这门测量学至少要花上半年时间，可是他却只费了六个星期，就成为一个够格的测量技师。

之后，林肯就在村里人们的拥戴之下，担任了邮政局长的工作。说是邮政局长，当然有点言过其实，因为那是连一个局址也没有的邮局，而且也没有邮差，实际上只有林肯一个人在唱独角戏。

“我是把邮局放在我的大帽子里的。”

林肯曾这样自嘲着。也就是说，他把一星期来一次或两次的两三封信，放在他自己的那顶大帽子里，到各处去分送。

“喂，正好在这里碰到你，这是你的信！”往往在路上碰到收信人时，林肯就把帽子摘下来，取出信交给人家。有时候还得把信念给那些不识字的收信人听。有时候，他也接受人家的请托，替一些不识字的人回信。

“真是一个再客气也没有的邮差了！”

“是一个好局长哩。他对于天文地理，没有一样不知道的。”

村里的人都很喜欢他。

这邮政局长的工作虽然很轻松，但是收入很微薄。不过，林肯却是很愉快地做着。因为这工作的第一个好处，是纽约的报纸比谁都先看到。当时，美国新开垦的地区，报纸杂志一送到，邮政局长得先看一遍，等到出去分送的时候，就把报刊内容的大要，讲给大家听——这在当时是一种习惯。

农夫议员

一八三四年的春天，州议会议员选举的日子又到了。

“我说，亚伯，选举就在眼前了。这次无论如何总得拼命干一下，非当选不可呀。”

一天，好朋友安斯屈伦一进门就这样说着。手里拿着圆规，在那细密的地图上工作的测量技师林肯，立刻抬起头来说：

“安斯屈伦，好早呀。我们一起出去吧。”两个人就肩并着肩出去了。

这次竞选的对手，是一个叫做福卡的大富翁。在春田镇这个人有一所大公馆，他因为在公馆的屋顶上装设避雷针而出了名。这人本来是民权党，后来为了钱，就卖身投靠民主党，在市土地局里，占着一个很重要的位置。

富翁福卡的脖子上，挂着一条闪闪发光的金链；而那个年轻的邮政局长却朴素无华，和福卡比起来，简直够寒碜的了。林肯身上那套服装，一看就知道是买的现成货，裤腿儿短得连脚脖子都露在外面了，而他那两只长得特别长的胳膊，至少有十公分露在袖口外面。

福卡在竞选的演说台上，半开玩笑地打趣说：这样一个怪模怪样的年轻小伙子，也想当州议会议员，难道没有先照照镜子吗？

听了福卡这么说，林肯马上走上了演说台：

“刚才那位先生说我年纪轻。不错，我的年纪的确不算太大，所以，在政治交易方面，实在还很幼稚。可是，为了年薪三千美元的官职要我把非常重要的政治节操出卖掉，却又害怕触犯神怒，在头顶上装起避雷针，以求保护的话，我想还是死了的好！”

一阵惊人的欢呼喝彩声，从听众中响了起来。福卡看到这情形，大概感觉有点不好意思，就悄悄地溜走了。

不过，林肯真正喜欢的，并不是这一种市镇上的竞选演说，而是在五月的初夏，在充满着成熟小麦的芳香气息的村子里，跟那些村人说话。

大概正是午餐后的休息时间，林肯和安斯屈伦两人，一起跑到了村子里去。

“喂，大家来呀！民权党的林肯先生要讲话了，请大家来听啊！”

这样大声一嚷，麦穗的波浪间，就露出了一个个黑黑的脸来，接着有三十来个人，跑过来听演讲。可是，正当林肯要开口的时候，一个农民突然喊了起来：“请等一等！我们不想听什么演说。我们已经决定要推选一个真正会下田工作的人去担任议员。”

其他农民一听，都高兴得拍起手来。林肯就微笑着说：

“你说什么，要会做田里的工作？这有什么难？”

说着，就把一个农夫支撑在地下权充手杖的镰刀拿过来，跳进麦田里，开始割起小麦来。哈，农地里的工作，正是他的本行哩。

喀嚓，喀嚓，喀嚓——

那黄澄澄的小麦秆，被一刀刀很爽利地割了下来，农夫们正看得出神的时候，那片四分之一英亩大的麦田，已经全部割好了。林肯的动作真是干净利落。

“好吧，我的演说就到此为止。这几张选票，就算我的了！”

说完，林肯和安斯屈伦两个，就一起回去了。

“哈哈，这真是一场奇特的演说，不过你看，我已弄得满身大汗了！”

“你这份辛苦，已经争取到村人全部的选票了。”

两个人走出村子，大声笑了起来。

六月里的州议员选举，林肯以多数票当选。于是，这个有着一百九十五厘米身高的年轻人，靠着自己的力量，走进政治圈子。

后来，看到他那一副朴素的打扮时，还有人背地里这样批评：

“有什么了不起，不过是个农夫议员！”

听到了这批评的林肯：

“哈哈，我本来就是一个农夫嘛。我帮人家割小麦，才当选议员的。”

说着，他高兴得笑了出来。林肯不管自己的地位多么重要，他从不傲慢，也从不会在人前装腔作势。

搬家以后

一八三七年的春天，林肯骑上一匹从朋友那里借来的马，垂着他那两条特别长的腿，在冰雪刚开始融解的泥泞道路上，急匆匆地赶路。

二十年来艰苦自修，终于取得了律师资格的林肯，独自一个人，到新建立的伊利诺伊州的首府春田去开创新生活，那年，他才二十八岁。

春田市内，州政府的建筑工程刚开始动工，街上充满了繁荣的新气象。林肯对州政府迁移到春田来这件事，在州议会里争取权力，可是，当他来到这市里的第一夜，却连一个投宿的地方都找不到。

最后，他实在没有办法好想，就走进一家规模相当大，名叫施必得的杂货店去。

“请坐，哦，你是林肯先生吧？你的面孔我记得很清楚。你是来看看州政府的建筑情形的吗？”

年纪和他差不多的店铺主人热情地欢迎他。

“是的，一方面是来看看州政府的建筑，同时，我要和斯狄耶脱先生在本市共同成立一个律师事务所。所以，我要一床铺盖。”

“这可太巧了，请你等一等，有一床现成的铺盖在这里。”施必得老板说着，就从货橱里取出了棉被、毯子、床单和枕头等一整套的铺盖来。

“你看合意不合意？一共是十七块钱，很便宜吧？”

“价钱在我看来，还嫌贵了一点。”

“哎，为什么？”

“因为我没有钱！”

“你身上没有带钱，怎么买东西呢？”

“所以，我要和你商量，施必得兄，可不可以等到今年年底再给钱？这段期间内，总会有人来请我去辩护的，到那时候，一定先还你钱。当然，要是我赚不到钱，就不知道什么时候才能还了。”

施必得老板听到这里，呵呵地笑了出来，差一点把背心上的纽扣给绷开了：

“哈哈，人家说得不错，你真是一个有趣而且老实的人！赚不到钱，就没有办法付清欠款，那是当然的事情。可是，肯这样讲老实话的人，实在少见。你看这样好不好？在这楼上，有一张双人床，我是一个光棍，我看，你索性和我一起住算了。这样，你也就不必付房租了。”

“倘使你肯的话，那真是感激不尽！”

“既然这样，我们就到楼上去看一看吧。随你什么时候搬进来都行。”

“真的吗？那我马上就搬进来。”

林肯说着，就提起那个放在柜台上的布袋，放进店里的角落里。

“我已经把东西都搬来了，施必得先生。”

“哎，你的行李就这么一点点吗？”

“是呀。我到你店里来买东西都付不出钱哩。”

施必得又很高兴地笑了出来：“哈哈，你真是一个有趣的人！”

不久，一块“斯狄耶脱·林肯法律事务所”的招牌就在法院附近的一座小小建筑物的门口挂了起来。到事务所去委托办理案件的顾客，一直没有上门，可是，林肯每天还是一样到事务所去。

过了一段时间，有一个人来找林肯。可是，这并不是来委托辩护的人，而是一个政府里的邮费收款人。

“你是林肯先生吗？”

“是的。”

“你担任新撒伦邮政局长时，还有一笔未曾向政府缴清的邮费……”

没有等那人把事情完全说清楚，林肯就接口道：

“哦，你是来收那笔邮费的？过去本来每隔一个月就来收钱，这回却隔了五六个月了，一直没有来，真使我为难透了。我不论走到哪里，这十七块钱总是随时带在身边的。”

说着，他就到屋子的角落里，摸索那只放在屋角的口袋，随后摸出一只旧袜子来。他把那只旧袜子朝下一摇，许多银币和铜币，就啪啦啦地掉在楼板上。

那个收款人递来一张收据走出去以后，施必得拍了拍他的肩膀：

“这是怎么一回事？你说没有钱，你手里不是存有这十七块钱吗？”

“那不是我的钱！那是政府的钱呢。我尽管穷得快饿死了，那笔钱也不能动用的。”

恶狗和铁耙

一天早晨，那黑人工役哼着歌曲，正在打扫事务所的时候，一个乡巴佬模样的人，跑进事务所来。

“斯狄耶脱·林肯法律事务所，是不是就在这里？”

黑人停住了他手里的扫帚：

“是的，可是律师现在还没有来。”

“什么时候会来？”

“这倒不知道。斯狄耶脱先生正在参加国会议员的选举，暂停接受客人委托的案件。另外那位林肯先生，是一个最近才开业的律师，如果没有什么事情，他一定会到这里来的。”

那黑人对于自己的这一番话，也觉得好笑起来，说完以后，就嘻嘻哈哈地笑个不停。就在这时候，林肯在楼梯口出现了。

“喂，你在笑什么？”

“喏，这位就是林肯先生。这位是客人。”

“好，请里面坐！”

林肯把门打开。他那毫无摆设的事务所里，只放着两个书架、一张桌子、三张椅子。

“我是林肯，请问有什么事情？”

“我是住在贝耶斯镇的农民，名字叫做乌都丽杰。我和邻村一个叫做霍生的人，打了一架。”

林肯问明白了详细情形。原来那个叫做霍生的人，净找人家麻烦，实际上却是一个不中用的人，等到真动起手来，就被乌都丽杰痛殴了一顿！他没有办法出气，就以伤害罪向法院提出控告。

“这样说来，先动手打人的，还是霍生？”

“是的。事实上是他先打人的。”

“好。既然这样，这场官司你赢定了。”林肯就把这案子接了下来。

不久，法院就传双方出庭讯问。在事实调查明白，原告的律师提出了控告以后，林肯立刻站了起来。他以一种非常镇静的态度，对陪审员说：

“让我先说发生在农家的一桩事情。一天，一个农夫肩上扛着一把铁耙，在田野里走着的时候，突然从草丛里窜出一头狗来，向他狂吠不算，还跳过来要咬他的腿，那农夫慌了起来，就放下肩上那把铁耙，挡住那只恶狗。想不到那铁耙的尖齿，从横里在狗肚子上刺了一下，那只狗就被刺死了。

‘喂，你为什么要杀死我的狗？’

狗主人这样责问。

‘还不是你那只狗要来咬我，我才杀死它的。’那个农民这样回答。

‘那么，你为什么不用铁耙的柄去隔阻它？’狗主人说。

‘那么，为什么你的狗不用尾巴来咬我呢？’农夫回答。”

林肯笑也不笑地讲完这个故事，接着又对审判长说：

“审判长！被告也和刚才讲过的故事一样，要是原告不欺人太甚的话，被告也就不会动手打他了吧？”

法庭上，立刻爆出一阵哄然大笑。审判长当然认为被告方面应该胜诉。

这是林肯第一次出庭辩论。

从事律师业务的林肯，对于条文的解释、诉讼的手续这两方面，并不能算是一个好手；可是，为了正义，他却充满作战到底的勇气。而且，他始终站在穷苦的民众这边，替他们辩护。

“正义的法律专家林肯”这个名声就逐渐传了开来，而且越来越响亮。

“林肯这个人，看起来虽然非常寒碜，可是，大家都说他真正是个伟大的律师呢！”

正义的战争

ZHENGYI DE ZHANZHENG

夕阳的红光，照在林肯的身上，他那副庄严的神态，简直是上帝的化身。

梅丽·托德

在一个绿草如茵的大庭院对面，矗立着一座有着宽广阳台的豪华住宅——这是春田的大富翁爱德华滋的公馆。宅后的马圈里，经常拴着几匹大马。

最近，一个年轻的小姐梅丽·托德，回到了爱德华滋公馆来。她是一个芳龄才二十一岁的漂亮小姐，而且，因为她长期在首都研究学问，因此，一回到乡镇来，就特别引起人们的注意。

于是，大家就议论纷纷，看哪一个幸运的人，将娶到这样一个好太太。

“喂，林肯，今晚你去不去参加爱德华滋家的舞会？”施必得这样问。

“不，我不去。”

“为什么不去？你不是也接到请帖了吗？”

“嗯，请帖是有的，不过……”

“何必这样呢。去一趟，怎么样？大家都在传说，有资格做梅丽丈夫的，要不是道格拉斯，便是你呢！”

“胡说八道！”林肯尽管这样回答，可是他的脸孔也红了起来。

施必得说的话，倒不是无中生有。这时候的林肯，已经不像以前那样是一个贫穷的律师。不错，说到物质方面，他还是相当缺乏，可是他已经三次连任州议会议员，现在已是民权党的中坚分子了；大家都把他和民主党的道格拉斯相提并论，被誉为州议会里两个杰出的新晋政治家。

“可是，施必得，你尽管这样说，事实上，道格拉斯的年龄要小我四岁，而且又是那样有才干。他是一个能言善辩、喜欢活动、野心很大的人，而且又是天生的贵族。虽然，在议会里辩论起来，我相信不会输给他。可是，一说到结婚，我就不行了。你看我这样一个呆板又畏缩的人，怎配谈结婚这个问题呢？”林肯自惭形秽了。

施必得听了不做声。因为这不但是林肯自己这么想，同时，周围的人也有这个想法。那样一个好胜而且志高气昂的梅丽小姐，真要选择丈夫的话，一定会看中道格拉斯。不论是谁，都抱着这个看法。

可是，到了最后，事情竟演变到使人惊异的地步！梅丽所选择的，并不是那个才华横溢的道格拉斯，而是这个个子高高、举止随便、一辈子像是抖不起来的林肯！

梅丽到底看中林肯哪一点呢？

“林肯这个人，迟早会当选总统的！要不是一个将来有希望成为总统的人，我是绝对不会嫁给他的！”

梅丽在别人面前，公然这样发表她的择夫主张。女子的这种本能，实在是非常奇怪的。连林肯本人也没有觉察到自己政治方面的天才，却早已被她看得非常清楚。

打动了梅丽那颗芳心的，并不是女子对于男子的爱，而是比爱更为强烈的野心。

可是，林肯对于这门亲事，还是犹豫不定。直到亲事谈定后，他还在多方考虑着。

林肯越考虑，越觉得这不是一桩门当户对的婚姻。第一，两个人的性格，完全不同；第二，两个人的环境、身份、教育，也完全不同。

这样一个天真自然、不修边幅，既不会矫揉造作，也没有欲望、率直老实的林肯，和那样一个天性好胜、气派高贵，在上流家庭里长大，对于礼仪非常重视的梅丽结婚，到底幸不幸福呢？

尽管结婚的日子迫在眼前，林肯还是快活不起来。

到死不分离

终于到了举行婚礼的佳期。

林肯很难得地把头发分开，梳得很光亮，胡子也刮得干干净净。正当他擦着皮鞋的时候，有人敲了一下门，也不等他的应声就走了进来。这人是罗刚。

罗刚，是一个和林肯共用一间法律事务所的伊利诺伊州一流的律师。他是一个不注重服装仪表，而且以从来不结领带出名的人。

“怎么？你还自己擦皮鞋吗？”半句客套话也没有，罗刚一见面就这样问。

“是呀，你还以为我在替别人擦皮鞋吗？”林肯拿起刷子，把皮鞋刷过最后一次，一面这样回答，接着他又说：

“难得你回来得这样早，我还以为你来不及参加我的婚礼呢。”

“嗯，今天屈列蒙德市的审判，结束得意想不到的快。不过，我也刚赶回来不久哩。”

“结果怎样？”

“官司打赢了。那个事务员是懒虫，勤快一点的话，马上就会送一百五十块钱来呢。”

“这倒很好。”

“可是，今天我倒并不是来谈公事，给你找麻烦的。我回到家里，换上了这套衣服时，从口袋里摸出这封信来。这是好几天以前，当你外出的时候，有人送到事务所里来的，早就要交给你，却一直忘记了。”

林肯接过信，拆开来一看：

“嗯，原来是圣·马歇尔的来信。”

“噢，就是焦尼的那个流氓律师？”

“哈哈，是呀。不过他会寄这五块钱来，看来还不像是一个太吝啬的人物，这家伙倒很有意思呢。”

“这样就好。”

“不过，你把这封信忘了，到今天才给我，倒帮了我的忙呢。要是早给我的话，这五块钱早就花光了，今天就会身无分文地去举行结婚仪式了。”

“哈哈，这倒是一笔意外之财哩！好，我现在还要出去一下，婚礼是七点钟吧？”

“是的。不过，去时请不要忘了打领带呀！因为梅丽是一个非常注意礼貌仪表的人。”

“当然要打领带，我会去向人家借一条来的。”

这个天性乐观的律师，就走了出去。屋子里剩下林肯一个人。他每当一个人的时候，脸上总挂着一副寂寞而悲愁的表情，这已成了林肯的习惯。

这时候，又响起了一阵“砰、砰”的叩门声，接着，走进来一个叫做威立的五岁小男孩。

“哎呀，叔叔，好神气呀！叔叔打扮得这样漂亮，还是第一次。今晚要去做客是吗？”

林肯听了，就很认真地告诉他：“是上天国吧？要不然就是入地狱！”

两个钟头以后，婚礼隆重地举行了。典礼完毕，客人陆续地散去，新房内只剩下这对新婚夫妇。

梅丽伸出双手，一把搂住丈夫的脖子，紧紧地拥抱着。不过，这时，她非提起脚跟，伸直身子不可：

“亚伯拉罕，俗语说得好：住下来可以安心的地方，才是自己的家。这里，是我有生以来最好的一个家。而且，我的心将永远放在这个家里。”

林肯低下头去，望着这个娇小玲珑而年轻貌美的太太，很严肃地说道：“我爱你！”

“永远爱我吗？”

“是的，到死也不分离！”

这一天，是一八四二年十一月四日。

新生活

梅丽马上去买了一个绿色的漂亮灯罩来，套在灯上。桌子上，铺了一块雪白的桌布，还摆上一瓶鲜花。

所有房间里的书桌、椅子、书架，都摆放得很整齐，独身生活时代那种零乱的景象，一扫而空。

不过麻烦还是有的。

丈夫一脱下衣服来，就随便往椅子上一丢；而且还老爱坐在桌上看报。

“你怎么这样随便！”

“唉，糟糕，真糟糕！”

梅丽这样责备的时候，他就故意大声道歉，并立刻从桌子上跳下来。听到门铃响时，他就只穿着一件衬衫，拖着一双拖鞋，跑去开门。

“喂，你干什么去？”

“马上就进来了，因为约翰刚从门外经过。”

林肯的为人，的确是非常好，就是举止太随便。他天性温和而幽默，对什么都满不在乎，一下子就忘得一干二净。

“这样的性格竟然也能够把法律工作应付过去！”梅丽心里暗自称奇。

很幸运的是，一年以后，梅丽就生了一个男孩子。林肯对于这个取名为劳勃脱的儿子，十分钟爱。

“好孩子，来，跟爸爸玩玩。”每当有空的时候，林肯就横在床上，和孩子玩个大半天。

夫妇俩每次吵架，吵输的总是林肯。他在这种时候，总是把孩子放在婴儿车里，推着到马路边的树荫下去溜达。身材特别高的林肯，拖着一双旧皮鞋，头上也不戴帽子，也不穿上衣，弯腰驼背，默不作声地推着车子，那副样子，使人看了会引起一种无可言喻的孤寂感。

他为了躲避啰嗦的太太，往往很早就到事务所去，把他那两条长长的腿，跷在窗口上，看他的报纸。到了傍晚，老坐在楼梯口的书箱上和人家聊天，不到天黑，他总不想回家去。

即使是礼拜天，林肯也常常带着孩子，到事务所去。

所以，林肯终于成了一个愁眉不展的人。当他和人家在一起的时候，总是精神抖擞，不断地开着玩笑，使大家沉浸在笑声中。可是，一个人的时候，他总是垂头丧气地在那里沉思。

林肯不管在什么时候，总是不拘礼节，十分随便。然而，他的心头却充满着温暖的人类爱。这人类爱就成了他苦恼的源泉。

要和这样一个人同甘共苦过上一辈子，这对梅丽来说，实在不是一件易事。不过，她总是尽量忍耐。她虽然爱好修饰，实际生活上还是很节俭；家务的处理，也非常有条理。她靠着丈夫不多的收入，慢慢地积蓄了一点钱，在生下孩子后不久，就买了一幢小住宅，使这个家逐渐有了样子。

同时，她对于自己的举止，也非常谨慎，因为丈夫是个政治家，一举一动，都会受到人家的批评。

不管受到多么艰难困苦的折磨，梅丽都抱着决不退缩的决心。

“总有一天，这个人非让他当上总统不可！”

所以，不管什么时候，她只要一看到丈夫露出消极退缩的情绪时，就鼓励丈夫，非达到政治的目标不可。

七毛五分钱的选举费

一八四七年的秋天，国会议员的选举又举行了。林肯被推为伊利诺伊州民权党的候选人。

在参加这次国会议员竞选以前，他已经连续八年当选州议会议员。这时候，终于得到从地方政治跨上中央政治舞台的机会。

他的竞选敌手——民主党所推出来的候选人，是一个叫做喀脱雷德的有名牧师，在州内拥有大批信徒，这人实在是林肯的一个强有力的敌人。

当然，林肯也并不示弱。他又拿出二十六岁那年初次当选州议会议员时的奋斗精神来，到各地的村镇去进行竞选演说。

投票日期是十一月四日。这天刚巧是他结婚五周年纪念日。梅丽正忙着准备举行祝贺的种种琐事。

这天夜里，林肯和跟他一起设立事务所的青年——亨登，还有一个叫詹美·贝英泰的老人，三个人坐在那间杂乱的事务所里闲聊：

“詹美，你是竞选事务所的会计委员，我得请你做一个竞选费用的决算报告，我这里还有一百九十五元二角五分。”

林肯从口袋里掏出了一把零乱的钞票来。

“什么？你那两百元还没用掉吗？那是竞选费呀。”

“嗯。圣嘉门地方的朋友，为我筹募了这笔选举费，真是不胜感激。不过，我并不需要使用这笔钱。”

“不需要？选举用不着花钱，天下哪有这回事？”

“你不知道，的确不需要钱呢。因为交通工具是我家里的一头老马，食宿都在各地的老朋友家里。”

“嘿，这样说来，你只花了七角五分？”詹美老人笑着说，“因为我是会计委员，所以这笔账一定要问个清楚。”

“那七角五分的用途，我还记得很清楚，就是请那些义务帮我忙的乡人，喝了几瓶汽水。”

坐在一旁的亨登，听了林肯这番话，叹了一口气：

“竞选国会议员的政治家，口袋里尽管放着两百块钱，却只花了七角五分！林肯先生，你实在太老实了！”

林肯一听，自言自语般地回答：“不，一个人越老实越好。”

一个小时以后，州政府广场一带，响起了一片欢呼声。亨登跳了起来：

“嘿，选举的结果已经知道了！”

就在这时候，民权党的人们跑了进来：“恭喜！您当选了！”

“林肯一千八百票，喀脱雷德教士却只有八百票呢！”

法律事务所里一下子就挤满了人，楼板几乎要被踩垮了。

过了一阵，兴奋的情绪慢慢平静下来，那些人都前前后后地挤了出去，最后只剩下林肯和亨登两个人。

“林肯先生，这实在难得，真的。今后，你就可以坐上克莱、韦白斯脱、卡尔亨等名人曾经出入的国会议席去了。”年轻的亨登望着林肯说。

林肯慢吞吞地开口了：

“各位的鼎力帮忙，实在非常感谢！不过，当选以后，说也奇怪，我的高兴，还不及当时所想象的一半！”林肯老实地发表他的感想。

国会大厦

“我说，梅丽，到了。到我们的首都华盛顿了！”

“哎呀，我这多年的梦想终于实现了！现在和白宫更接近了一步。”

林肯夫妇手里拉着两个孩子，在朦胧的晨光中下车，踏上了月台。这时，有一个黑人微笑着走了过来，很客气地行了一个礼：“请问这位可是林肯先生？”

“是的，你怎么会看得这样清楚？”

“因为，国会里的培克先生交代过，从火车上下来的人里面，身材最高、面貌最难看的人，这就是林肯先生。”

“哈哈，培克这家伙，说得妙透了。”

林肯高兴得笑了出来。

梅丽实在是非常得意的。这里就是全国政治家憧憬的首都华盛顿！她现在已经具有一种国会议员夫人的高贵身份了。

从国会议院楼上的旁听席望下去，可以看见她那身材特别高的丈夫，和那些来自全国各地的伟大人物，并排坐在那里。

走到外面去一看，只见那些来自欧洲各国的外交官夫人，戴着那种插着羽毛的帽子，雍容自若地坐上马车。

可是，一回到旅馆，她满腔得意立时变成了失望！原来那家旅馆，位于灰尘满天飞的一条小街上，是一家不干净、价钱倒很便宜的旅馆。林肯在春田，已经是一流的名人，可是到了华盛顿来，只是数百议员中的一个无名议员而已。

那么，那个道格拉斯的情形又怎么样呢？

原来，道格拉斯已经在参议院里占着一个议席，成为一个颇有声望的大政治家。现在，他已经在华盛顿置有一所豪华的公馆，出门时，和他那位在社交界以漂亮出名的夫人，坐在一部用两匹马拉着的马车里，非常威风。

这两个人的境况，真是有天壤之别。

林肯到三十九岁，才当选国会议员，他穿着一件破旧的大礼服，拿着一把大布伞，天天到国会参加会议。

“从前，在伊利诺伊州议会里，人家不是说这两个人都是前途有为的政治家吗？现在却大不相同！”梅丽想到这里，非常难过。

那么，林肯这个人，为什么对于自己的前途、名誉、声望，一点也不在意呢？

他进了国会以后，第一次发表的演说，是墨西哥战争反对论。正当美国屡战屡胜，街头到处飘扬着国旗，大家正在为前方的胜利欢欣鼓舞的时候，他却认为这场战争，是违反正义与人道的战争；胜利的大军，是侵略别国的无名之师；并且对波克内阁大肆攻击。

可是，这个足以长流千古的正义呼声，在众议院里却成了一场没有效果的呐喊，在当时的政界，并未引起任何反应。林肯当然非常失望。

其次，林肯所提出的议案，是首都华盛顿废止奴隶法案。他认为至少应该先在首都禁止奴隶买卖，废除这个可耻的制度。

可是，这个法案也惨遭否决！林肯的失望情绪，越来越浓厚了。

“我到底为了什么，要人家选我到国会来呢？而且，像我这样的人，尽管次次出席国会，到底有什么用处呢？”

议员的任期一到，他就没精打采地回故乡去了。

暴风雨总是要来的

在春田的法律事务所里，年轻的亨登正在收拾他的文件。这时候，老远传过来了一阵“呜——”的汽笛声。

“啊，四点钟的火车到了。林肯先生马上就要回来了。”亨登这样自言自语着。

十分钟以后，林肯那修长的身子，果然在事务所里出现了。

“嗨，林肯先生，你回来了？”

“嗯，还是故乡好！我累透了。火车的座位叫我这种腿长的人去坐，实在很不舒服。”

说完，他把旅行皮包往地板上随便一放，走到窗边去，向窗外眺望：

“春田好像没有多大改变，一切还是老样子。”

“是呀。不过，也有些变化，譬如感情……”

林肯听了，好像很难过似的问：

“那是说，对于我的感情起了变化吧？”

“很不幸，叫你说对了。当你发表攻击墨西哥战争的演说时，我不是拍了一个电报给你，说那是政治自杀吗？果真成为事实了。另外，还有首都奴隶制度废止法案，不是也被否决了吗？”

“嗯，这我都很清楚。这是我一直在努力的目标。现在，我是回来干我的老本行的。不过，有一件事情，倒可以请你安心，我在新撒伦欠下的那笔债务，都已经还清了。算起来前后整整拖了十五年。”

“不过，你倒也用不着失望。尽管不当国会议员，你依旧是伊利诺伊州民权党的领袖呢。”

“不，我连这个也不要干了。因此，我曾经打过主意，索性在华盛顿当个土地局长算了。结果却被总统拒绝了。”

“哎，你为了总统的选举，出了那么大的力量，总统却拒绝你出任土地局长？”

“不是的，你不要误会。总统是希望我去担任俄勒冈州的州长。”

“这不是很好吗？俄勒冈现在是独立的一个州，你去担任州长，一定可以当选第一届参议员。”

林肯听了，摇摇头：“可是，梅丽主张不要去干，她不喜欢。”

“为什么？”

“主要是社交方面的理由。她说，如果在华盛顿没有法子可想的话，就愿意在春田住下去。”

“那么，你怎么打算？”亨登这样探问。

“仍旧和你一起做律师，不搞政治了。”

“你认为还是当律师好吗？”

“这我也弄不大清楚。目前，奴隶问题还是一个足可动摇国本的大问题。现在的美国，是奴役州和自由州的对立；而一个内部分歧的家庭，是没有力量站起来的——国家也是如此，要是一半是奴役，一半是自由的话，也是站不起来的。我当然并不认为我们的国家就会垮下来，可是我认为这种分歧，非把它消弭不可。”

“照你的意思，要使全国都成为奴役州，或成为自由州，在这两者之中选择一个，是不是？”

“不是的。我的主张，是一定要使全国成为自由州。我们身处在这罪恶的世界中，一定要使上帝拯救人类的计划，一步步实现。这个问题也是一样。只要上帝吩咐，要我去为这个问题出力，我绝对不违背上帝的嘱咐，一定要做到这一步，才肯罢休。”

乡下律师

于是，林肯又开始漂泊的乡下律师生活了。

在当时的美国中西部新开垦地区里，所谓法院，是采取一种到各地巡回工作的组织方式。所有推事、检察官、律师、书记官，都一起到乡下去，在所到的各市镇上，开庭审理。

贫穷的林肯，起初是骑一匹从朋友那边借来的马，到后来才自己买了一匹坐骑。不过，他并没有雇用马夫，所以，一到投宿的地方，就得自己动手为马洗澡，还得切马草喂马。

这个身高一米九五的大汉，手提着一只大旅行包和一把布伞，昂然骑在一匹瘦马上的那副样子，简直是堂·吉诃德二世！

为了林肯的健忘，他太太就在那一顶大伞上，特地用白线绣上了“亚伯拉罕·林肯”几个大字。

这种法庭，往往设在较大户人家的屋里，有时设在学校或教会里。如果找不到这种场所时，就只有露天开庭了。这样多少带

着原始的情调，可是，也因此充满着温暖的人情味。

每次开完庭，到了傍晚，大家就一起回到投宿的地方。乡下菜的味道，简直使他们食不下咽；有时候，因为没有床，就在地板上打开铺盖来休息，真是吃尽苦头。可是，每当吃过晚饭，点上灯后的这段时间，因为镇上的人们都出来玩，所以倒也相当热闹。

每当大家聚在一起聊天的时候，这个被称为“华盛顿口才第一”的林肯，总是成为大伙儿的话题。

当时的美国中西部地方，是民风强悍的新开垦地区，所以，血腥的凶杀事件、酒醉杀人事件等一类的案子，层出不穷。一天，林肯听人家谈论着一桩奇异的杀人案子。

“在梅净乡的一个村子里有一个青年，在酒店里喝醉了酒以后，就开始他们那种家常便饭的打架。架打过以后，第二天早晨，他们之中的一个名叫墨凯的，竟在家里死去了。”

“这样说来，大概当天晚上，有人溜进了那人的屋子里，对不对？”

“没有，一点也找不出有人溜进去的痕迹。大家的猜测是，曾跟他在酒店里斗殴的人，埋伏在半路上，下了毒手的。”

“不过，这个说法也不合情理。如果有人埋伏在路上，下了毒手的话，尸体不是应该留在现场才对吗？墨凯怎么还能回到家里呢？”

“听说是骑马回去的。说起来这的确很可疑。不过，在马圈里，的确拴着一匹满身污泥的马。”

“这样说来，怕是那个喝醉了酒的墨凯，半路上从马上跌下来，跌破了头，回到家里以后，才死去的吧？”

“也可以这样推测。不过，现在有一个在现场看到了墨凯被杀的证人，出来做证呢。”

“哦，看来这案子倒有点可疑。那个杀人嫌犯，是一个怎样的人呢？”

“是个叫做威廉·安斯屈伦的年轻人，外号‘大火’，是一个登记在案的流氓。”

哎呀，安斯屈伦！

当林肯竞选失败，店铺破产，失了业，还欠了人家一千两百元的债，弄得走投无路的时候，曾经很亲切地收留并照顾他的，不就是安斯屈伦吗？

那时候，林肯还常常为他看顾孩子。那孩子的名字，记得就叫做威廉，现在已经长得这么大了吧？

屈指一算，那已是二十年前的往事了。

“无论如何，我非去救威廉不可！”

林肯立时站起来身来，到房间里写了一封信。

狱中对泣的母子

在那阴森森的铁格子外面，响起了一阵沉重的脚步声，这时，监房外面传来了看守的呼唤声。

“大火！有人来看你。”

那个被唤作“大火”的青年，抬起头来一看，站在面前的，是一个身上穿着布衣服，肩上围着一条红色围巾，瘦得皮包着骨头的女人。

“啊！妈！”

“威廉，怎么样？夜里睡得好不好？肚子饿不饿？”

“嗯，还好。不过，我实在很苦恼！妈，我绝对没有杀过什么人。那天晚上，我的确是跟那个家伙吵了一架，可是，杀了他的，并不是我啊。”

“唉，这一点，妈是相信的。可是，你竟遭到了一场这么大的冤枉！”

母亲说着，伸出手去抚摸儿子的头。

“威廉，你放心吧。你爸爸临终时交代过我，即使把全部财产卖光，也得替威廉雪洗冤枉。所以，无论如何，妈一定会设法救你的。”

“可是，妈，这里的律师都是不中用的。他们哪里有本领把那个撒谎的证人所做的伪证给揭穿呢？”大火绝望地说。

他母亲安慰他：“不必担心，妈今天就是来向你报喜的。林肯先生要出面了。”

“什么？林肯先生？您不是在骗我吧！那样有名的律师，怎么肯来替我这样一个不长进的人辩护呢！”

“你不知道，林肯先生年轻的时候，和你爸爸是好朋友呢。而且交情很深，你先把这封信看一遍。”

母亲拿出那封信来，上面这样写着：

“听说你们遭遇了一场不白之冤，你的孩子蒙受杀人嫌疑而被捕了。这个孩子，我绝对不相信他会闹出那样横行不法的大祸来。这案子一定要受到公正无私的审判，同时，为了报答你们过去给我的长期帮助，我要无代价地来为这个案子辩护。”

读完这封信，威廉的眼睛里不断地淌下热泪来：

“妈，说句真心话，这个案子，我早已自认倒霉，断了上诉的念头。真想不到林肯先生这样的大律师，竟然肯主动来替我作辩护！”

母亲听了，又伸过手去抚摸儿子的头发：

“林肯先生这个人，只要有可怜的人去求他，他决不会摆出大律师的架子的，也不会因为太忙而推托的。在年轻的时候，他就是这样一个人！”

神是公正的

审判的日子，终于来了。在经过一番事实的调查以后，先把查理斯·亚伦——这个自称亲眼看到了行凶的人，传上法庭。那人就把安斯屈伦在树林边的空地上，怎样杀死墨凯的经过，活龙活现地在庭上述说着。

承办这个案子的检察官，是很有名气的弗洛顿。林肯站起来，对着证人所做的供词，开始提出反问："我先要问证人，是不是在安斯屈伦杀了人离开以后，被害人墨凯才倒在地上的？"

"不是的。在不到三十分钟以后，墨凯爬了起来，就由五六个人，把他扶上马，驮回家去。"

"呵呵，这样说来，墨凯当时并没有死。"林肯笑着，把放在证物台上的一根细长的棍棒，高举在手里：

"这是打架时所用的棍子，是不是？"

"是的，没有错。"

“有一点，检察官似乎漏问了，打架发生在什么时候？”

“是在十点半以后。”

“打架的时间，怎么会这样清楚，是不是证人在那时曾看钟表呢？”

“并没有看，不过因为酒店总是在十点半关门的。在打架开始以前，大家就闹哄哄地从酒店里出来。我是看到了大家回去的。”

“好。我还要问证人，他们打架的时候，你站在离现场多远的地方？”

“十米左右的地方。”

“不过还是看得很清楚的，是不是？”

“是的，看得很清楚。因为那晚的月亮，照耀得简直像白天一样。”

“月亮是在哪一边？”

“刚巧在头顶上。正像正午时的太阳。”

“那么，我还要问明白一点：证人知不知道，在法庭上故意做伪证，是要受伪证罪处分的？”

“知道……不过，我所说的话，都是实在的。”

“好……现在，请传讯奈尔逊·瓦特金斯。”

这时候，林肯就盘问律师叫来的证人。他是一个农村青年。林肯又把刚才那根棍子拿过来，举在手里给他看。

“证人有没有看到过这根棍子？”

“看到过，这是我的棍子，是我亲手做的。”

“没有错吧？”

“没错，大约一年前，因为我要捉麻雀，才做了这根棍子的，你看。”

说着，就伸出手来，指着那根棍子的柄：

“在这里，还刻着我的姓名的缩写 N.W.两个字母。可是，这根棍子太重，用起来不大方便，所以，就把它扔掉了。那是在听到墨凯被杀的消息以后。”

“这样说来，当他们打架的时候，这根棍子，还放在你家里是不是？”

“是的，放在我家衣柜的抽屉内。”

“好，这样就够了。”

跟着，林肯又把所有各种证据，仔细看了一遍，站了起来：

“各位陪审员，最后，我还要提出一个证据来。这证据，就放在我的口袋里。”

说着，就从口袋里掏出一本小本子来。

“在这本小本子里，记载着各种有趣的事情，实在是一本很方便而有用的书。因此，这本书可以证明检察官所传的证人，所说的话都是假的——你们看！”

林肯把封面给大家看了看：

“这是一八五七年的历书。在这本历书里，关于一月二十五日的夜月，是这样写着的，让我读出来：在中西部各州，月在十时十七分整落下去。”

旁听席上，响起一阵惊异的声音，因为这是一个意想不到的反证；而且，是无法动摇的铁一般的事实。证人亚伦脸色立时发青，身子摇晃得几乎就要倒下来！林肯斜着眼睛望着他：

“各位：那天晚上，月亮早在十点三十分前沉下去了，这是无法变动的科学事实。而且，那个所谓行凶的现场，是在深谷底的树荫里。在十点半以前，月亮早就被那参天大树的树荫遮蔽了起来，在距离十米的地方，说是看得非常清楚，那是不可能的。所以，结果证明证人亚伦是随便捡来一根棍子，做了一篇虚伪的证词。”

接着，林肯又对着旁听席，不慌不忙地发表他的意见。

“各位！神是正直无私的。我早就相信安斯屈伦无罪。可是，要找出反证来，推翻这个撒谎的证人所做的证词，的确是费了不少苦心。我正在那里研讨这案子的时候，昨天半夜里，挂在半天里的月亮，给了我一个启示，所以我才去查查历书。

“唉！这一点，真是神给了我帮助，我还不曾有过这样高兴的事情。因为，这个可怜的冤枉者，是我的大恩人的遗族。

“我曾经在新撒伦村子里，弄得身上一个钱也没有，像叫花子一样流落着的时候，收留我的，就是这个孩子的父亲和今天也坐在这里的这位亨纳夫人。我抱着这个孩子，唱催眠曲的那一幕往事，到今天还历历在目。

“这个恩人，现在已经离开人世了，而他的太太和儿子，正被冤罪陷害得苦恼万分。我靠了神的启示而能够帮助他们，总算报答了我所受到的大恩的万分之一。”

林肯的这番话，使听到的人们都深深地受到感动。这时从西面窗口射进来的一道夕阳的红光，照在他的身上，他那副庄严的神态，简直是上帝的化身！

“各位陪审员，夕阳马上就要下山了。我希望趁着晚霞的瑰丽光彩还没有消退以前，对这个遭了诬陷的被告，宣告无罪！”

林肯脸上，挂满着一行行热泪。那些听着他说话的人，也一个个都泪眼汪汪！审判长在获得了陪审员的答复之后，很庄严地站起来宣告：

“被告威廉·安斯屈伦无罪！”

亨纳和威廉母子两人，不禁哭了出来。

找不到自己的家

过了四十岁，林肯已是伊利诺伊州的名律师。他经常为那些穷苦受冤屈的人辩护。

“你这个律师收费这样便宜，简直是在抢你同行的生意嘛！”法官也这样跟他开玩笑。

可是，当他认为应该享受律师权利的时候，他还是会提出他的正当要求的。当伊利诺中央铁路公司请他辩一件重要案子的时候，他就提出了两千元律师费的要求。这时，公司方面非常诧异：

“这不是第一流律师的辩案价钱吗？你呢，两百元也就很够了！”

虽然这件两千元的案子，后来他并没有办，却另外办了一件五千元律师费的案子，而且他一文不少地赚到了。

他尽管是一个成了名的律师，却没有雇用书记员。他也没有档案柜、委托人姓名登记册，更没有出纳簿。他不是把铅笔写的字迹潦草的纸片丢在抽屉里，便是往背心的口袋或帽子里一塞就算了。

有时候，人家因为接不到林肯的回信，写信去催促他时，他便用这样的理由说明：

“我延迟到现在才回信给你，实在抱歉！因为，第一，我在法庭方面的工作实在太忙。另外一个原因，是在接到你的来信时，把信放到我那顶旧帽子里去。第二天，内人给我买了一顶新帽子回来，于是，放在旧帽子里的那封信，就此失踪了。”

除了帽子以外，林肯的桌子上，经常放着一个大信封。信封上面写着：

“有什么东西找不到的时候，请看一看这信封。”

林肯在律师业务方面的收入，那时候，已经每年有三千元了。他把这笔钱放在旁边，连看也不看一眼。

可是，那个善于管家的梅丽，不但用这笔钱来还清丈夫的旧债，也逐步把家庭布置起来。

有一次，林肯出去参加为时颇长的巡回审判，业务办完后，照例骑着他的那匹瘦马，回到春田市来。当他走在他住的那条街上时，发觉情形好像不对了。而且，他那匹马竟在一户人家门前停了下来。

“喂，不对啊，贝雪，不是这里啊。”

林肯认为走错了门，就穿过街道，到对面转角上的一户人家

去敲门。

“是哪一位？”

“我是林肯。请问，我的家在哪里？当我出门的时候，我的家是一座平房，现在却变成一座楼房了。”

那人一听，就笑了起来：“林肯先生，那幢楼房就是你的家啊。在你出门去的时候，你太太把你家的房子改造成楼房了。”

“哈哈，原来是这样！要是里面的装修也像外面那样漂亮，那就很神气了！”

“你放心，内人今天早晨过去看过，里面的装潢，漂亮得使她非常惊讶呢。”

梅丽夫人不但把那座狭小的住宅翻造成楼房，而且还买了一部马车，要让丈夫成为一个体面的绅士。

不过，实际情形还是不理想。尽管住在这样一幢很神气的住宅里，她的丈夫照样还是只穿着一件衬衫，在大门口动手擦他自己的泥皮鞋！尽管买来一套最流行的衣服。林肯总是这样说：

“穿着新衣服，心里老是担心给弄脏了，连工作也做不好了。”

所以，他还是穿着那套穿旧了的服装，头发也不梳，就出门去了。春田市的人们，经常会看到林肯手托着下巴，亲自到肉店和面包店里去买东西。

黑奴问题

五年的日子，林肯就这样平静地度过去了。在人家看来，好像林肯已经是一个忘记了政治，也被政治遗忘了的人。这个乡下律师，似乎没有人来关心他了。

那么，上天对于这个主持正义的人，真要让他这样默默无闻下去吗？他那满腔人道主义的热情，就再没有奔放的机会了吗？

不久，黑奴问题，又在美国燃起了冲天的烈焰。

林肯讲过的“暴风雨”，果真又爆发了。

本来，从人道立场说起来，大家同样都是人，把那些同样的人，像牛马一样买卖着，用铁链锁起来，加以苛刻的待遇，那当然是不对的。可是，美国的黑奴问题，并不是一个单纯的人道问题。

原来，美国的南部地方，都是一些贵族出身的大地主。他们用大批的黑人奴隶来栽种烟草和棉花。直到现在，南部还是依靠黑人来开垦。可是，北部地方却不同了，那是白种人靠自己的力量，慢慢开拓起来的土地，所以并不需要黑奴。

因此，黑奴问题，就成了南方与北方之间争执的焦点。

在最早的时候，美国国内以南方的势力较强。后来，北方的工业逐渐发达，人口和财富都逐渐居于优势。

可是，南方一直保持着一个建国以来的传统，那就是——尽管自由、平等、人权等大道理不能不讲，不过，要让黑人与白人并肩相处，是绝对办不到的。

“奴隶制度到底应该终止，还是继续维持下去，这是各州应该自己决定的问题，用不着中央政府来管这闲事！”南方这样主张，而且还表示：

“如果强制取消奴隶制度，南方就脱离合众国，成立一个新共和国！”

南部与北部为了这个问题，老在那里争论不休。到了一八二〇年才达成一个协议：

“向来使用着奴隶的南部各州，仍旧承认奴隶制度。不过，要在北纬三十六度三十分的地方，画一条界线。在这个界线以北，即在密西西比河与洛矶山脉间的大平原，永远不得建立奴隶制度。”

这就是那一次双方协议的要点，称为《美嗣利互让法案》。其后三十年间，就以此线为界，一直没有引起过奴隶问题的大风波。

可是，现在参议院议长道格拉斯登场了。他以民主党领袖的地位，长期控制着参议院。不过，民主党的基本地盘在南部，他要实现他当选总统的计划，就非讨好南部不可。

刚巧这个时候，内布拉斯加和堪萨斯两个州，新加入合众国。而这两个州的位置，是在北纬三十六度三十分以北，因此是在应该成为自由州的区域内。参议院议长道格拉斯却蛮不讲理地提出了这样一个法案：

“奴隶制度是否应该设置，应该让州民自己来决定，中央议会对这一点，不能加以干涉。”

不但如此，他还使用压力使这个议案在国会通过。

那时是一八五四年三月。

使美国保持三十年和平的《美嗣利互让法案》，就这样被葬送掉。奴隶问题，又成了全美国的大问题。

当然，北部的人们大为愤慨。

“他是一个出卖自己人格的无耻之徒！他和南部勾结，做出了叛徒的行径来。”

大家不断攻击着道格拉斯。可是，那个蛮干到底、自信心颇强的道格拉斯，还是很安心地到伊利诺伊州去展开活动，到处演说，发表他这个不合理的主张。当他到了春田市的时候，也连续演说了三个小时，结论是：

“关于这个问题，本市的林肯先生会回答我吧，这是我所希望的。”

他这样公然向林肯挑战。

决定命运的日子终于到了。上天为了正义与人道，呼唤林肯，林肯就忙碌起来了。

历史性的大论战

林肯这次到全国各地展开反对奴隶制度运动，是超越了党派的立场，唤醒大家：美国建国的精神，必须保持。于是，民主党就分裂成自由派与奴隶派两个派系；而自由派终于和民权党合成一体，重新成立了一个共和党。

这就是今日美国的共和党。这个新成立的共和党，推林肯出来竞选伊利诺伊州的参议院议员。而林肯的敌人，是民主党的候选人道格拉斯。

于是，从林肯的州议会议员时代开始，一直在互相竞争的这两个能干的对手，又在这次历史性的竞选中，一较高下。

而且，这是一场非常奇妙的对战。

道格拉斯经常搭乘张着旗帜的特别花车，到各地去进行演说活动。在这饰满花朵的列车的最后一节敞车上，装着一尊黄铜大炮，道格拉斯每到一个地方，就鸣放礼炮三十二响；在车站上，总是停着一部由六匹马拉的马车，还有一个很热闹的乐队，一路吹奏着。另外有三十六个骑着马的男男女女，在道格拉斯周围，前呼后拥地进入会场。

可是，林肯还是那副老样子，他跟村子里的那些种田的和做工的人，一起挤火车去参加旅行演说。当然，既没有礼炮，也没有乐队。即使有来欢迎他的人，也只是那些戴着草帽的种田人，赶着一部从乡下来的拉货马车，在车站迎候：

“嗨，林肯先生，你来了！”

“劳驾，劳你们在这里等我。”

然后，他就坐上那部货车，颠颠簸簸地赶到演说会场去。

这个外表柔弱的林肯，一踏上演说台，就高举起正义的利刃，紧逼着道格拉斯，不肯轻易放松一步。

选战到达白热化阶段时，林肯就向道格拉斯建议，在各地举行七次当面辩论。这在美国，是一次史无前例的竞选大论战。

举行历史性大论战的那一天，可以说全伊利诺伊州的人，都来到广场上了。这些人骑了马，或驾了马车，从附近的村庄集合起来，在举行辩论的前一天，就已经挤满在街上；晚上就燃起篝火在外面露宿，等候第二天的盛会。

辩论大会的会场设在野外，就在露天举行。

早上八点一刻，包围在演说台周围的几千听众间，响起了一阵欢呼的声音——两个辩论的主角，在演说台上出现了。

这是一个多么奇妙的对照！

素来有“小巨人”之称的道格拉斯，个子虽然只有一公尺五十公分高，可是他的脖子却长得特别粗，肩膀又特别宽，他的身体也特别大！他穿着一套漂亮的新西装，胸前一条金链子在那里闪闪发光。他那副神气活现的样子，令人觉得可以不战而制胜敌人。和这个“小巨人”相比，林肯实在显得太高了一点，他是一个瘦长个子，只看见骨头的一双劳碌的手，反叉在背后。当他把身体略微向前弯曲的时候，那样子，实在像一个久被生活拖累的人！

可是，当他一张开嘴说话，听众就屏息凝神地静听。林肯所讲的话里，正和他的态度一样，一点也没有装饰——他所讲的都是真情实话。诚实，是最容易使人感动的。他的那种简单而率直的讲词，没有一句不说到人的心坎里去！听众连拍手也忘了，只是用他们的全副精神，倾听着林肯的讲演。

“怎么样，的确了不起吧！连那个‘小巨人’，不是也听得脸色发青了吗？”

“不，起初是愤恨得面红耳赤，到后来才浑身发抖，脸色发青的。你看，等到他挨到最后的打击时，脸色就要发白了！”

“哈哈，他又不是法国的国旗——有红，有青，有白！不过，话得说回来，道格拉斯的口才还不错，就是说出来的话太幼稚了。总而言之，还是林肯的话比较切实。”

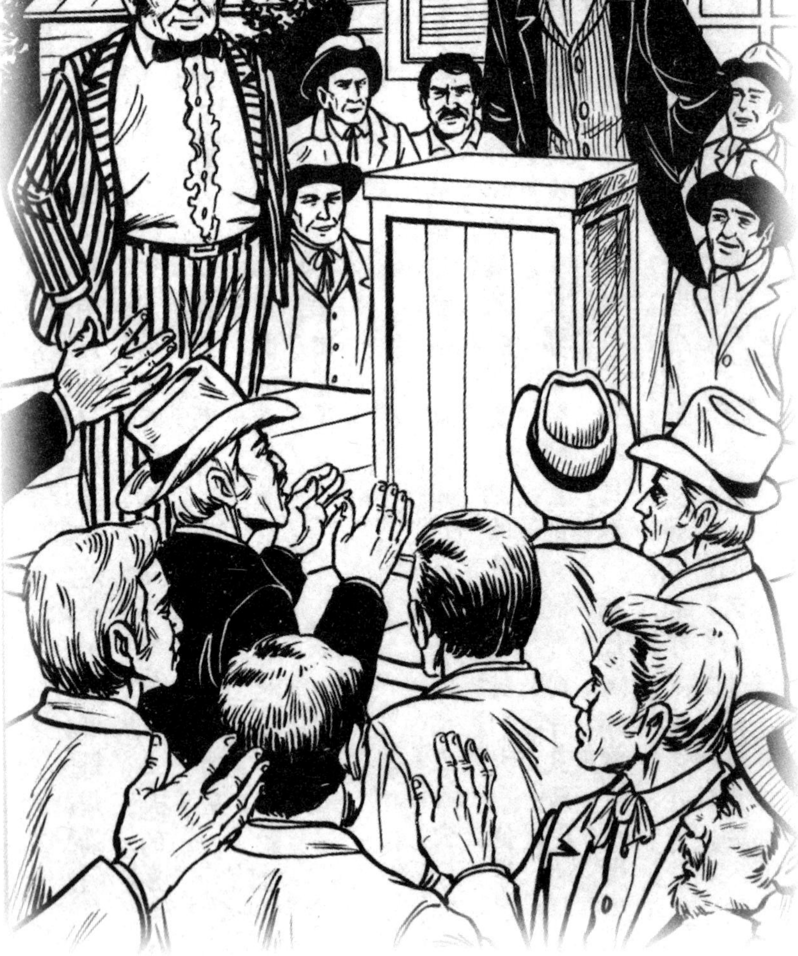

“不管怎么样，等一会儿他们两个人的对辩，更值得听听呢。”

因此，道格拉斯和林肯两个人的辩论，每换一个地方，听众也就跟着增多。辩论会场市镇周围一带的商店，都关起门来，种田的也丢下田里的工作，大家往会场里挤。扒手和那些耍把戏骗钱的坏蛋，也趁机捞进了一票！

林肯和道格拉斯，展开了激烈的舌战。

“世界上一切事情，都应该同时顾虑到本身和别人的立场，自己不愿意当奴隶的人，就应该否定奴隶的役使；凡是否定别人自由的人，就不能谈自己的自由。”林肯说。

接着，他又针对道格拉斯为讨好南部、欺骗民众而变节的事实，展开攻击：

“你可以一时欺骗所有的人，你也可以永久欺骗某一部分人——可是，你却不能永久地欺骗所有的人！”

这几句话，成了千古名言。

最后，林肯放出一支质问的箭来：

“美利坚合众国的公民，是不是可以违反美国市民的意志，而在创制州宪法以前，废除奴隶制度？”

这一个质问，真正抓住了敌人的弱点。因为在他们这场辩论以前，在南部各州的联合会议中，已经通过了“不可以”的决议。因此，道格拉斯为了要讨好南部各州，就应该回答说一声“不”！可是，如果真的回答一个“不”字，就要引起伊利诺伊州选民的愤怒，而在这场参议员竞选中，非遭到一个惨败的下场不可。不过，如果回答是“是”，这次竞选，尽管可以获胜，可是在另一方面，一定会引起南部各州的敌视。

于是，道格拉斯被逼到了进退两难的苦境。

他在无可奈何中，沉痛地回答了一个“是”字，靠了这个字，才算当选了参议员。

可是，他当选总统的机会，就此永远失去！

打倒巨人

选举开票那天，是晚秋的一个不停地下着冷雨的日子。竞选失败了的林肯，冒着夜雨，无精打采地踏上了归途。在路上，滑了一跤，掉到水沟里去了。当他从水沟里爬起来时说：

“这只是脚底滑了一下，我不会就此倒下去的。”

他这样自言自语地，擦掉鞋子上的污泥后，马上又匆匆地赶路，回到了正在炉边等着他回去的太太的身边。

“哎呀，你淋得这样湿，很冷吧。”

他的太太这样说着，就帮他把外套脱下，一面又添了些劈柴到火炉里去。可是，她对于选举的事情，半个字也没有提起。林肯也默不作声，只是凝望着炉子里的火焰。

于是，林肯又回到他那个小市镇上的法律事务所里去。竞选胜利，得意洋洋的道格拉斯坐上专车，高高兴兴地到华盛顿的参议院去了。

选举虽然胜利了，可是，道格拉斯在这次竞选中，受到了一个致命的打击！相反的，林肯选举虽然失败了，他的为人和见识，却在民众心目中留下深刻的印象。

在辩论大会中回答“是”的道格拉斯，正如林肯所预料，失去了南部各州所有的人心。自信心坚强的道格拉斯，还亲自到南部各州去做演说活动，企图挽回人心；可是知道他以往卑鄙行为的人们，不管他说得多么好听，毫不理睬。因此，在参议院的民主党预选大会中，道格拉斯就被推下了他曾经连续坐了十一年的参议院议长的交椅！

“杀掉了一个巨人的亚伯！”

从此，林肯又多了这样一个外号。

林肯和道格拉斯在竞选时大辩论所留下的笔记，被人印成小册子，散布到全国各地去。

“发表这样了不起意见的林肯，到底是一个怎样的人物？”

看到这小册子的人，都这样说。从此全国各地，都来请他演说。东部繁华的都市，固然请他去讲演，那充满着新生气的西部新开垦地区，也请他去讲演。因为，林肯对于自由与人权的意见，逐渐打动了全国的民心。

一天，林肯在白尔明顿遇到一个朋友。那朋友对他说：

“我不论到什么地方，总是听见人家在议论着你！你为什么不出马竞选总统呢？”

林肯听了，回答说：“共和党内竞选总统的人，还有不少伟大的人物呢，像施华德、朱慈才是最佳人选。”

那时共和党内的形势的确是如此。可是，命运的齿轮却转了个大弯。

砍木桩的总统

KANMUZHUANG DE ZONGTONG

『今晚的伊利诺州，酒桶都要空了！』

戈帛协会

那是一个寒风呼呼的日子。一个手夹着一只旧皮包和一把大雨伞，高高瘦瘦的人，在纽约车站下车。

赶到车站接他的一辆马车，把他送到旅馆去。在旅馆里，许多在衣襟上挂着招待员标志的委员，还有些穿着很漂亮的贵妇，都在那里等候着。

“嘿，那人就是很有名气的林肯吧？”

那些人，都以惊异的目光，凝望这位高高的身子上，罩着一件全是皱纹的大礼服的绅士。

原来，林肯是受了纽约共和党大会的邀请，特地赶来发表关于奴隶问题的演说的。

在这个“戈帛协会”的演说还没有开始以前，早就有许多听众陆续来到会场。其中有一个青年来到会场，就在街道的转角处逡巡着。五六个样子很像地痞的人，突然把他叫住了：“喂，你，你是黑炭吗？”

“不是！”

那青年气势汹汹地回答。

“那就请你把这东西带进会场，听到有人吹五声口哨的时候，你就把这东西，往演说的人身上扔过去！”那群人把两个小小的洋葱交给了青年。青年想，刚才这一群人问他是不是黑炭，意思是问他可是同情黑人的人。这青年就苦笑着把洋葱放进口袋里，走进会场去。

进入会场里一看，坐在台上当主席的，是一个著名的诗人，也是一个政治评论家，名叫勃拉安德。此外，还有好些有名望的政治家、教育家、实业巨子、宗教界有地位的人物和作家，都端坐在那里。

在这些人旁边，还有一个穿着宽大礼服的林肯，弯曲着两条长腿，坐在沙发上。他脚边是一顶里面放着演讲稿的大礼帽。

主席宣布开会宗旨后，林肯站了起来。他像是带着点神经质的样子，走向演说台的正中央。

他在演说台上站定，大家才发现他的耳朵上还夹着一支铅笔。

嘻嘻哈哈的笑声，就像水面的微波似的，在台下传播开去。

“喂，这有什么意思？回去吧！”一个听众拉了拉旁边座上另一个听众的衣袖。

“等一等，你看吧，等一会儿就有好戏可看呢！”被拉的人这样回答。

一会儿，林肯就一字一句地开始读他的讲稿。他的声音像是故意压低了的，语调很沉重。看样子，这是一个习惯于野外演说的人。

“说话再大声一点！”后面的听众中，有人这样嚷了起来。

林肯就把声音提高了一点；也许是因为充满自信的缘故，声音一提高，语调也就跟着生动起来。他把视线从演讲稿转移到听众那边去。可是，不久，他又低头读起他的演说稿了。

“到底不行！在乡间，这一套也许还可以胡混，在纽约就吃不开了！”

刚才说话的那人，又在那里絮絮聒噪起来。

正在这时候，大概是一页演说稿掉到了地上。林肯弯曲着他那特别长的身子，正要捡起来。哪知道那讲稿却又飘下讲台去了。

嘻嘻哈哈的笑声，又在台下传了开来，这时林肯似乎窘了一下，可是，他马上又镇定了下来，干脆就不用演讲稿，开始讲演起来。

又一会儿，听众也放下了一颗不安的心。不知不觉间，大家觉得讲演的情形，和先前完全不同了。

先前的那一种斯斯文文的态度，已完全消失了去，只看见林肯满面春风，声音也像洪钟那样响亮。而他的讲演词，全是丝毫没有遮掩的老实话。可是他的话里却含着一种强大而不能屈服的威力，使人听了，都要衷心感动。

这时，既没有人拍手，也听不到喝彩声，会场只是一片深深的沉默。

每到了演说停顿的时候，总好像听得到煤气灯点火时“扑”的响声。

林肯的演讲，逐渐紧张起来。到达演讲的最高潮时，他那强有力的演讲，才告结束，台下马上响起一阵雷鸣般的喝彩。

“嘿！了不起！”

大家都手舞足蹈，像是疯狂了的印第安人那样，嘴里不知所云地叫着，闹成一团。

连刚才那个不断冷笑的人，也情不自禁地这样自言自语起来：“这人实在是一个了不起的人物！”

第二天早晨翻阅报纸一看，每一家报纸，都刊载出演讲词的全文。共和党的有力分子，同时也是当时的第一流记者古理立，也做了这样的评论：

“在纽约政治家的演说中，从来不曾有过这样使人深受感动的演讲。”

这次演说的全篇演讲词，不久就专刊出版，普遍地影响了美国国内的舆论。于是，林肯这个名字，就一跃而被列入了共和党总统候选人的名单中。

在当时，比林肯更有力量的总统候选人，谁都会指出是施华德和朱慈两个。这两个人，都是共和党的干部，也都是参议院议员。他们两个人都有很丰富的政治经历。

不过，这是非常时期，奴隶问题正闹得白热化，南北分裂的危机迫在眼前。要挽救国家的命运，非有一个才干卓绝的领袖出来主政不可。

因此，一个来自美国中西部平原的、别具有风格的人物，抱着一种冒险犯难的信念，像是一个预言家似的露面了。这个人的登场，立刻引起了所有美国人的注目。

砍木桩的亚伯

伊利诺伊州的共和党大会，是三月九日那天在戴卡套召开的。林肯年轻的时候，经常驾着牛车到那里去。

在市镇的旅店里，来自各地的党内有力分子，都在商量着这次总统选举，伊利诺伊州该推什么人为总统候选人。

“全国著名的施华德好呢还是出生于大平原的林肯好？”

这时，突然从户外传进了一阵很热闹的乐队吹奏声，而且还夹杂着一阵又一阵的叫好声。

“咦，什么事？”

推开窗子，只见一辆牛车上，竖着两根木桩，后面跟着一个举着奇妙旗帜的游行队伍，正从街上穿过。

住在旅店的各地代表，都跑到外面去看热闹，林肯也跟着跑到门外。

这一下，真使他呆住了。原来是他的表兄约翰·亨克斯这老人家，站立在牛车上，正在得意地向观众说明：

“喂，请大家听我说！三十年以前，我跟‘诚实的亚伯’一块儿到这儿来建造木房子定居的时候，森林里还经常有狼出现，这草原上，也只有一条道路。论年龄，亚伯虽然比我要小十岁，可是他的身材，早就长得很高。所以，他那时候拿斧头去砍树木，一天可以砍下三千根木桩来。车上这两根木桩，就是他那时砍下的！”

群众一听到这一个说明，就大声叫好。他们认为，这个“砍木桩的亚伯”，的确是他们的真正代表。

“亚伯老前辈，演说一次给我们听听！拿出你当时砍树的本领来！”

群众中响起了这样一阵喊声来。林肯虽然显出了为难的样子，可还是弯下他那特别长的身体，向大家打了一个招呼。大家看了，又响起一阵疯狂般的喝彩声。

林肯终于开口了：

“看到了这两根木桩，使我回想起往事，那就是我在圣嘉门河边，和亨克斯在一起挣钱、工作的情形。这两根木桩，到底是不是我砍下来的，现在可就不清楚了。不过，我的确砍过不少木桩，而且比这两根似乎要粗些。”

由于这个事件的发生，使伊利诺伊州的形势对林肯越来越有利。看到了这番情景的记者们，便暗地纷纷议论起来：“这样一来，施华德当选的机会，可就消失了。”

可是，在芝加哥召开的全国大会，还是施华德方面占优势。拥护施华德的纽约州委员们，早就在大会召开前一星期，赶到了芝加哥，在乐队的领导下，在街上到处结队宣传。

不过，以伊利诺伊州为中心的林肯派，也不肯认输，他们把木桩放在示威队的最前面，开始了他们的示威运动。

“砍木桩出身的总统候选人！”

“诚实的亚伯！”

“大平原上产生的唯一杰出人物！”

他们高举起这样的旗帜，在街头到处走动，每到一个十字街口，总是挤满了一大群人。不管是妇女也好，小孩子也好，从事劳动的人也好，闲着没事干的人也好，手里都挥舞着旗帜，一面纷纷投掷鲜花，欢迎着这个以两根木桩开路的游行队伍。

总统选举的投票，终于在五月十六日那天，在威格璜大会堂举行。

全国大会

这一天，林肯在他的故乡和他的大儿子劳勃脱一起抛球。

“爸爸发的球真了不起！我看您还是去当棒球选手的好，总统选举这类事情，不要去管他算了。”

“不要胡说，嘿，这一球你看怎么样？”

“打得好！”

就在这时候，青年律师亨顿，急急忙忙地跑过来：

“先生，芝加哥方面的投票已经开始。听说还是施华德占优势呢。”

“是这样吗？我也是这样猜想的。”

“我们到电报局去看看再说，现在应该是电报要来的时候了。”

“好吧。”

林肯披了上衣，就到电报局去。

到电报局里一看，第二次投票结果的报告已经到了。第一是施华德一七三票，第二是林肯一〇二票，相差七十一票。

不过，不管是谁，如果不能够取得相当于全部投票数四六五票的过半数二三三票，依照规定，还得重新举行一次投票。

从电报局回来的时候，林肯到报纸新闻社去转了一下。他走进报社的时候，就这样自言自语起来："算了，还是回到法律事务所，翻翻书去吧。"

他在一张大沙发里坐下来，从衣袋里掏出一本彭思的诗集来，一行行地读下去。

这时，第三次投票结果的电报又到了。这次施华德是一八四票，而林肯却是一八一票，所差只有三票了。

选票比重的分量，开始提高，形势好转。

突如其来的，从编辑部里响起了一片狂叫声来。一个工役从楼上跑到林肯面前这样嚷道：

"恭喜当选了！林肯先生，你竞选胜利，当选总统候选人了！"

接着是一阵大混乱。许许多多的人都跑到报社里来，大家高兴得乱舞乱跳，椅子桌凳都给推翻了。

林肯这时痴站在那里，脸上一副冷静的表情，心不在焉地看着大家。他像是突然想起了一桩心事似的："嗯，不错，我家里还有一个女人，比我更急于知道这个消息哩。"

他所说的那个女人，就是他的太太梅丽。

林肯披上了一条破旧的灰鼠色围巾，戴上一顶大礼帽，拉正蝴蝶结，在大家的哄闹声里，冒着寒风，走到街上。

在半路上，林肯走进一家肉店，从衣袋里掏出两毛钱来，买了些连着骨头的肉，带回家去。

他回到了第八街的那座朴素的二层楼住宅时，梅丽伸开手迎上前来。林肯不慌不忙地对她说道："喂，梅丽，我总算被选为总统候选人了！"

当天晚上，春田市内，鸣放贺炮，悬挂国旗，燃放烟火，十分热闹。这时，道格拉斯对华盛顿笑着这样说：

"今晚的伊利诺伊州，酒桶都要空了！"

事实的确如此。这天晚上，圣嘉门地区，空酒桶也好，空木箱也好，扫帚以及木栅也好，只要是可以当作柴烧的东西，统统被打坏，燃起一堆堆篝火，来庆祝林肯的当选。

国家分裂的危机

共和党在芝加哥推选林肯为总统候选人。民主党则在巴尔迪摩推选道格拉斯为总统候选人，可是，南部派坚决反对，另外召开南部大会，推出白勒肯立杰为民主党的总统候选人。

林肯当年在辩论中，向道格拉斯所提出的那支质问的利箭，到了这时候，就显出它的威力了。他不但毁灭了“小巨人”，而且把民主党也弄垮了！林肯是以“砍木桩”出名，而道格拉斯却成了一个“砍政党”的人。

总统的选举，是在十一月六日那天举行的。由于民主党的分裂，林肯的当选，就有明确的趋势。在全部选举总统的三百三十张票内，林肯得了一百八十票，很漂亮地当选了。

梅丽是有眼光的，从她结婚以前就抱着的久违的愿望，现在终于达成了。所有亲戚朋友，都跑到他们家里来，在欢笑声中纷纷向他祝贺。

在这许多人里，却有一个人独自沉浸在忧愁和沉思中——这人就是林肯。

美国宪法规定，十一月的选举中所当选的总统，就任的时间是在次年的三月初。从当选到就任的这四个月期间，在美国，是被喻为愉快的婚约期。在这段时期内，当选了总统的人，并无任何事情要做，只要抱着兴奋心情，等待着上任的日子到来就够了。

可是，传到林肯家里来的消息，并不是热烈的结婚进行曲，而是刺入耳膜的军鼓的骚扰声。

林肯当选总统的第四天以后，南卡罗来纳州的参议员全体辞职，离开了华盛顿。国家分裂的危机，已经逐渐捱近到脚边来了。

防止这个危机的责任，到底是落在谁的身上？不用说，这是现任总统布卡南的责任。这时候的林肯，还只是一个普通的公民，在法律上并无任何权力。

可是，布卡南是靠了南部的援助，而当选了民主党总统的。他在致国会的咨文中，有很清楚的声明：

“在宪法上，各州并没有分离的权力。可是，中央政府方面，也并没有阻拒分离的权力。”

在内阁阁员里面，以南部派分子占多数。财政部长把国库弄空虚了，巨额的金钱都被拨充为南部的军事费用。陆军部部长却把国家兵工厂里所有的枪炮弹药和其他各种军需品，都搜刮到南部去。海军部长则把九十只军舰中的八十八只开到南部去。

到十二月时，留在美国中央政府手里的南部要塞，只剩一座莎姆泰炮台。其余的要塞和好多兵工厂，一个个都落到南军的手里了。而且，布卡南政府对于陷入南军包围的要塞，不管怎样请求增派援兵、补充军粮，都一概不理。

到次年的一月九日，密西西比州就宣布和合众国分离。跟着是佛罗里达、阿拉巴马、佐治亚、路易斯安那，最后是德克萨斯，终于南部的七个州，都与合众国分离了。而且，这几个州存了很多军用资金，积极训练军队。

“要打仗的话，随时来好了！”他们已经准备得非常充分。

到了二月初，南部七州的代表，会齐在阿拉巴马的孟古梅利，制定新的宪法，宣布南部联邦独立。并且选举滋华净·戴维斯为总统。

在伊利诺的乡间静观变故的林肯，实在非常难过。他的食欲一天天减低，身体一天天消瘦。

“这忧郁症非常危险！”

一个医生朋友替他担心。林肯还故意开个玩笑，把朋友的话敷衍了过去。可是，他心头的忧愁依然如故。

“时局变化，一天天地严重。可是，身负重任的我，除了卷起衣袖，在旁边静静看着以外，还有什么办法呢！我刚读过一段神的儿子在克西马尼园里的祷告：‘主啊，主啊，请求你使这苦杯，从我们的嘴唇边离去。’我自己现在正在克西马尼园里。而且，这苦杯是装得那样的满！”

不过，到了第二天，他的元气略微恢复了一点：

“我很想趁着那匹马还没有被偷走以前，赶到华盛顿，把那马房‘锁’起来。可是，真要赶到现在去的话，恐怕除了马的脚印儿以外，再也看不到什么了！”

他说这番话，是在讽刺所有国库、兵工厂，甚至军队，都一样样地被南部联邦劫走了。

别离的一天

离开这小市镇上的住所，住进华盛顿白宫去的日子，终于一天天地迫近了。

林肯花了几天的时间，在幽静的乡下老家住了几天，还到亨克斯、约翰斯顿等一些亲戚家去，一家家地访问，同时还请人修整了一下他父亲的坟墓。

那些上了年纪的人，对于林肯在乡间赶牛马的情形，还记得很清楚。到了夜里，人们在一起围着壁炉烤火，随便闲聊起来：“我早就认为，亚伯将来一定会成名的。”亨克斯老人家，像是他亲手提拔林肯似的，这样自负地说着。

只有林肯的母亲沙拉，没有开口说话。

到了分别那天，已经满头白发的老母亲，摇晃着站不稳的脚步，走到了她的爱子身边：

“亚伯，我在想，我们今天一别，恐怕再也看不到你了！”

林肯听了，马上伸出左手，抱住母亲的肩膀，一面又举起右手，指着天空，叫了声：“妈妈！”接着，迈着沉重的脚步走开。

在离开春田的一星期前，一天晚上，林肯邀请了许多人，举行了一次话别。

到了十点钟光景，参议院议员布拉宁跑来，说有几句很重要的话，要当面谈一谈，林肯就邀请他到二楼去。

“在你们正热闹的时候跑来打扰，实在对不起！”

“哪里，幸而你来了，解了我的围！穿了这双新皮鞋，我的脚实在痛得难受。趁这个机会，让我的脚好好休息一下。”

话还没说完，总统的皮鞋，已经脱在地板上了。布拉宁就急忙开口，谈到本题：

“你知道，我一直在华盛顿。事态相当严重呢！实在不可收拾了！”

“我也这样想。”

“局势实在比我们所想象的还要严重！”

“发生了什么事情？”

“布卡南总统，已经完全没有力量，简直和退了位一样。政府也已落入南部派的人手里，内阁成了阴谋颠覆美利坚合众国的中心！他们不但夺走了要塞、港湾、兵工厂，而且似乎还打算夺取议院哩！”

林肯从椅子上站起身来，走近窗边去，抬头仰望着夜晚的天空。

“布拉宁！当我被提名为总统候选人的时候，我就向上帝立过庄严神圣的誓言，我如果当选，一定要维护合众国的统一！现在我已经当选，托神庇佑，我一定要实现我的誓言。”

“既然这样，就得马上开始工作才好。当然，只能够秘密行动，立刻就以美利坚合众国总统的身份，开始进行才行。等到三月四日就职以后，那就太迟了。到那时候，恐怕政府已经没有了！”

“你说得很对。事实的确是这样。现在南部正掀起风暴，一切都将被这风暴刮倒。可是，布拉宁，这场风暴过去以后，就会从断垣残壁中，产生一个崭新伟大的国家来！”

林肯又抬起头来，仰望着星光闪耀的夜空：

“今天晚上，马上发给司各脱将军一项秘密命令。要他一等总统就职典礼完成，立刻依照事实的需要，更改要塞以及其他各种政府措施。我是合众国的总统！”

这时，门上响起一阵叩门声。推门进来的，是梅丽夫人：“请你马上到楼下去吧，下面来了些非常重要的客人。布拉宁先生，请你也一起下去好吧。”

林肯站起身来说：“哦，梅丽，等我穿好皮鞋马上就下去。”

只剩一块招牌

动身到华盛顿去以前，眼前必须要解决的，是到达首都的旅费，和在没有领到总统年薪以前的生活费用。他找了一个放债的人，把房子顶让出去，同时，又把所有的一切家具杂物统统卖掉，总算把目前的问题解决了。

接着，他把一只存放着信件的纸袋也烧掉，把留下的文件，都交给他的侄儿，并且交代他：

“万一我不能回来的话，这些就由你随便处理掉好了。”

当天下午，林肯赶到他的事务所。把一些没有解决的案子，做了一番交代，接着，又整理好未了的案件，就对威利说：“有点累了，我要松口气。”

林肯说着，就在沙发里坐下，把他那两条长长的腿，伸得笔直。

“特别快车几点钟开？”

“明天早晨八点钟。威利，你也会去给我送行吧？”

“不，我怕不能去。因为在列车开出的那一瞬间，我的所有最可贵的就将全部失去！”

“傻瓜，何必这样说呢？你也可以时常到华盛顿来玩，不是很好吗？尽管是总统，休假还是有的呢。春田是我唯一的故乡啊！”

林肯这样安慰着他。

“话虽然这样说，可是我的胸口总像有一块沉重的石头压在那里似的。”

“你真是想不开，四年的时间，一眨眼就会过去的。而且，即使再有当选的机会，我也不打算再干下去了。”

“这我知道，不过，我总觉得不好受。现在，一切我全明白了，连你也变成了另外一个人！”

林肯立刻睁大了眼睛：“我跟以前，有什么不同的地方？”

“单说你的胡子，你自己想来也会知道；你怎么会想起要留胡子呢？”

“哈哈，原来是指这胡子吗？”林肯笑着说：“这实在是一桩国家的重大机密哩！因为是你，我不妨说出来。威利，在这帽子里，有一个蓝色信封，你给我拿出来！”

亨登依着他的话，从林肯的帽子里找出一封信来。

“嗯，就是这封信，让我念给你听。”

林肯说着就开口念了起来。

林肯先生：

我是一个七岁的女孩子。我爸爸是共和党员，要投你的票。昨天，爸爸拿了一张你的相片回来。我就说：

“林肯先生要是把胡子留起来，那就神气多了！”

我妈妈听了，也说是的。所以，我就决定要写这封信。要是你留了胡子，我那两个民主党的哥哥，相信也会投你的票。他们说不喜欢你的相貌，所以不投你的票。不过，我告诉他们说：林肯先生尽管不留胡子，也一定会成为一个很好的总统的。

葛丽丝·维台尔

“哦，原来如此，因为这样，你就留起胡子来了？”

“是呀。我到华盛顿去的时候，经过纽约，我打算去给那女孩子看一看我的胡子呢。我想葛丽丝看到了，一定会高兴的！”

接着，两个人面对着面，沉默了一阵。

“我说，威利，我们俩一起经营这个法律事务所，到现在几年了？”

“十六年以上了。”

“在这期间，我们是不是一次也没有争论过？”

“是的。”

他们两个，对于当时共同创立这个事务所的情形，涌起了种种回忆。最后，林肯夹着一堆文件，从事务所出来的时候，又回头看了看那块招牌。

“威利，这块招牌，还是请你留在那里，我尽管被选为总统，这块招牌代表林肯和亨登的友谊，依旧保持着。四年后，要是我还活着的话，我还是要回来做律师的。再见，威利！”

细雨霏霏的早晨

这天晚上，林肯——美国的总统，身上脱得只剩下一件衬衫，自己动手来捆行李！

这倒用不着惊奇，因为林肯生下来时，就是一个老百姓，他也是一个由民众推选出来、替民众服务的民众公仆。

那是一个二月中旬下着冷雨的早晨。车站聚集了一千多市民，等着欢送林肯。

在火车来到的十五分钟以前，一辆马车在车站前面停了下来。林肯和他的家眷，从马车里走了出来。进入站长室，那儿有一个盛大的欢送会。林肯默默和欢送的人一一握手。

最后，站长走了进来："在候车室里，一个上了年纪、身材高高的女客说是要和你见面。她说她姓安斯屈伦，有点东西要送给你。"

"嗯？安斯屈伦！请你马上请她到这里来！"

一会儿，一个女客被带了进来。

“亨娜！你也来了！”林肯紧紧地握着那女客的手。

“我知道你被那繁重的任务累坏了，可是，我不能不来打扰你。而且，我也没想到还能够和你说话。”

“哪里，哪里。我能够见到你，实在高兴！下着这样的雨，劳您的驾，真是不敢当。威廉近来怎样？”

“谢谢你！承你从那个杀人案子中把他救出来以后，他已经完全变成另一个人了。”

“那真太好了！”林肯很高兴地说，并介绍她和在场送行的人认识：

“这一位，是我的好朋友安斯屈伦的夫人，她很喜欢帮助朋友，我曾经在她家里吃过一个时期的闲饭呢！”

这句话引来了大家的哄笑。亨娜取出了一个小包来：“我拿了一点东西来送给你。”

林肯打开小包来看，原来是两双蓝色的羊毛袜子。

“各位，请看，这位太太对于我的经度与纬度，不是非常清楚吗？”

又引起了一阵笑声。

“东西是不好，可是还能使你合意，那真是太好了。这是我自己亲手编结起来的。”

“亨娜，真是谢谢你。我到了华盛顿，马上就穿起来，这样就会随时想到你！”

这时，站长过来通知，说是火车快要进站了。林肯就从站长室里走了出来。

月台上挤满了竖起大衣领子的送行的人们。林肯就在细雨霏霏中，站立在月台上，向那些来送行的故乡人士告别：

“各位朋友：不曾经历过像我这样的遭遇的人，不会知道现在我向大家告别时，心头所感到的那种悲戚。我能够有今天，完全是靠地方人士的帮忙和好意。我住在这里，已有二十五年了，从青年到老年，我都在这里度过。我的孩子也生在这里，而且，还有一个已经长眠在这儿的老父。

“今天分别以后，有一天还是要回来的。放在我肩头上的责任，比起华盛顿所肩负过的还要重大！如果没有上帝的协助，我将不能完成这个重大任务。如果得到神的协助，我将不会失败。我希望大家信任经常和我们在一起的上帝，我不论到什么地方，上帝总是跟我在一起，也和各位常在一起，更会为了赐福所有人们而到各地去。

“我要祈祷上帝，保佑各位；同时，希望各位在祈祷的时候，也不要忘记替我祈祷！现在，用我的真挚的友情，向各位告别。再见！”

这一篇简单明了的告别词，是林肯留给故乡的最后一席话。

绵绵的细雨，向着那些摘下帽子送行的人们以及林肯的头上，不住地飘下来。

每一个送行的人脸上，都笼罩着一缕浓重的离愁；列车已经消失在朝雾中，大家还是依依不舍地痴站在那里。

暗杀的计划

林肯选择的进京道路，是非常迂回曲折的。因为他沿路要在北部的各个主要都市，亲自向民人诉说他的苦衷。

当他到达费城那天，刚巧是华盛顿的诞辰，所以，他就在独立协会发表演说。

想不到演说刚完毕的时候，一个从芝加哥来，名叫斐卡顿的刑警前来访问：

“先生，我是特地赶来报告一个消息的。我们发现了一个秘密，有人打算等你的列车经过巴尔迪摩的时候，要暗杀您呢！”

“开玩笑！怎么会有这样的事？”

“不，这是我们从可靠方面得来的消息。如果时间充裕的话，我们可以把这批凶犯一网打尽，可是，现在时间这样紧促，所以，只有请求您改变预定的计划，最好提早在今晚搭乘快车，到华盛顿！”

“可是，我已经决定明天要到哈里斯巴克去，不便随意改变跟人家约好的行程。”

“您说的也对。不过为防范万一起见——”

“你的话也有道理，等我考虑一下再说。谢谢你了。不过，也说不定会辜负你的好意，那时请你不要见怪！”

林肯说到这里，就叫那刑警回去了。这样惹人讨厌的谣言，事实上的确到处流传着。什么时候会遭遇到危险，实在很难说。可是，林肯对于这种流言，始终不肯相信。

刑警回去以后，国务卿施华德的儿子腓力德立克，也以特使的身份，从华盛顿赶来。他所说的，完全和那个刑警一样。

“我倒要请问，这个阴谋的消息，到底是从哪方面去探听来的？”

“关于这一点，我父亲倒一点也没有提到。”

“嗯，可曾听到过某些人的名字，譬如，像斐卡顿一类人的名字？”

“没有。我父亲只是说，这是陆军方面的司各脱将军、首都警备军方面的施登上校等人，所提出的警告。”

“既然这样，倒叫我不能不考虑了。说句老实话，刚才一个叫做斐卡顿的刑警，也跟我说过同样的话。要是这消息的来源，和那刑警一样的话，那就不必重视。现在既然军方也提出同样警告，这可就不能太大意了。好，我就变更预定的行程，马上动身。”

这天晚上，林肯连帽子也没有戴，就从旅馆的后门悄悄地走了出来。在他的衣袋里，放着一顶便帽。他跨上在那里等候多时的一辆马车，立刻赶往车站去搭乘当晚十一点钟的特别快车，前往华盛顿！

时间虽然已经是二月，早晨六点钟的时候，天还没有大亮。到车站来欢迎的，只有施华德和奥斯本两个人。他们四个人，坐在马车上，从黎明前的街道上，驶往旅馆。

家家户户都还关着门在睡觉。那一群策划着这个阴谋的人，也许正在静候着暗杀成功的好消息。他们即使在路上，遇到过这部马车，顶多只认为那是什么地方的实业家，送一些应该缴纳给政府的东西，才在这样的大清早赶到了华盛顿的。

林肯就这样神不知鬼不觉地到了首都华盛顿。这是他在国会议员任期终了以后十二年来首次进京。

他走进旅馆以后，打开了窗户，向着渐渐明亮的窗外眺望。这时，第一个映入他眼帘的，是什么呢？

黑奴！

他耳朵里最初听到的是什么呢？

南部的歌声！

满街全是愁眉不展的脸孔，全是疑虑不安的脸孔；所有的人，彼此间都怀着鬼胎，大家都互相猜忌。因为到处流传着间谍暗杀的谣言。

总统举行就职典礼的日期，是在一星期以后。林肯到底能不能安然无事地度过这一个星期呢？在当时这还是一个很大的疑问。

就职那一天

三月四日，这一天从早晨起，就是个晴朗的日子。

这天，所有的机关、学校、公司、银行，一律休假，家家的窗口，都飘扬着星条旗。可是，沿着马路却到处站有插着雪亮刺刀的士兵。甚至在屋顶上，也站着枪口向下面作瞄准姿势的士兵。

在国会大厦内一排大柱子的前面，有一座插着国旗的演说台；在演说台的前后左右，一排排全是政府要人。可是，人数却比任何一个同样的场合要少。因为，什么时候子弹会在这里飞舞，谁也不知道。

一会儿，新总统的那个瘦长的身体，就在台上出现了。在场所有人的视线，都集中在他一个人身上。

这一天，林肯穿着一身还算新的服装；也许是他不习惯于穿燕尾服，所以显得不太自然，那种弯扭样子真使人替他难过。

他手里是一顶新制的丝光耀眼的大礼帽，和一把镶着金顶子

的手杖。这些东西，到底放在什么地方好呢，他一时手足无措，迟疑地向周围看了一看。那把手杖，他总算找到了用处，就用来托着手；至于那顶大礼帽，除了放在地上以外，他再也想不出一个适当的场所来安放。

就在这时候，他年轻时代的老朋友，而且也是唯一的竞争敌手道格拉斯爬上了演说台。一到台上，就从林肯手里接过那顶大礼帽：

“总统我是当不到了，可是，帽子倒还会拿呢！”

道格拉斯向旁边的人们笑了笑，就把那顶帽子放在膝盖上，一直到典礼告成。

一会儿，总统把眼镜戴好，开始宣读就职演说。这篇就职演说，是一篇语气严正、充满着人情味的千古文章。

最后，他很坦白地向南部各州表示：

“我们的抱着不满的兄弟们：国内战争的那把非常重要的钥匙，并不在我这里，而是在你们手里。政府不会攻击你们，只要你们不采取攻击的姿态，战乱决不会发生。我相信你们不至于对天立下要破坏政府的誓；而我却慎重地宣誓过：‘要维护和保全政府！’

“我们并不是不同国家的人，更不是敌人。我们大家是同一个国家的人，我们是兄弟！我们即使有感情不好的时候，却不能切断那一条爱的绳索——我确信这是切断不了的。”

就职典礼完成以后，就由两匹马车把这个新总统送到白宫去。

这时，梅丽真是满心的高兴。她当年的梦，到今天已经成为事实了。在每一个房间和大客厅里，到处都有美丽古雅的花瓶和柔软的地毯；还有古色古香的椅子和许多绮丽耀眼的烛台及家具。

“唉，现在我的心总算安了下来。”梅丽这样安慰着自己。

可是，林肯的心头，却十分沉重！

他在处理好繁忙的政务以后，夜里总是打开窗子，凝望着外面。

那个黑影，到底是什么呢？是间谍吗？是刺客吗？还是黑奴呢？

对面，可以看得见的一座建筑物是国库。可是，那是一座空房子，在陆军部里，大概总堆满许多文件，但是，登记在名册上的军队，是有名无实的。所有武器和弹药，都已运到了南部。北部几乎连一艘军舰也没有了。

在远处，流动着一道好像海那样辽阔的朴脱马克河。河对岸，南军控制了所有的要塞、军费和部队，正在那里等候机会动手。说不定，明天他们就会动手攻击。那么，白宫的主人，简直像个囚犯。

无论什么事，只要凭借着一样东西——勇气——就能决定一切。

也就是：当我们面对命运的时候，不管它的吉凶，都不能逃避。

南北战争

NANBEI ZHANZHENG

美利坚合众国如果不解放黑奴，已经到了无法团结的地步。

战争爆发

林肯在白宫过了第一个夜晚。

这天，林肯一早进入办公室时，看见桌子上放着一张莎姆泰炮台来的电报：

“情势危在旦夕，请火速运送弹药和粮食来！如接济不到，在数星期内炮台将被敌人攻陷！”

炮台的守将安德生是一个英勇的爱国军人。所有南部的要塞，都已陷入南军的手中。只有他带领的一百个士兵，仍坚守着这座小炮台，尽力支撑到今天。不过，四周被敌人包围着的这座小炮台，倘若没有援军开到，还是不能坚守下去的。

林肯马上去问司各脱总司令，对于这个问题该怎样处理。

“这座炮台，不论从军事方面来说，或是海、陆任何一方面来说，要想抢救，是绝对不可能的。”

这是那个老将军的回答。同时，施华德国务卿也以政治的立场作出发点，反对派遣救兵到莎姆泰炮台去："如果派遣救兵去，南方政府会将它看作是宣战的通告，也许马上就会出兵。我们这方面却毫无准备。"

话虽然这么说，可是，眼看着这个炮台孤立无援，而不派兵去抢救，又让那面具有光荣历史的星条旗，被敌人卸下来，这不就等于当着全世界的人的面，承认南部的独立吗？南部的七个州，很可能会趁此机会，宣布独立！这样的话，华盛顿及先烈们所建立的这个国家，不就要垮台了吗？

真的要派兵去救那个炮台吗？

恐怕战争的火焰，马上会笼罩在整片国土上。流血是林肯最不愿意的。

那么，放弃那个炮台吗？

放弃了的话，合众国的团结，也许就会崩溃。而国家的统一，是总统绝对拼死命要维护的。

林肯接连几晚都睡不着觉。

到将近三月底的时候，林肯在白宫举行第一个晚会。当客人散去以后，他把阁员留下来，把他自己的意见宣布了出来：

"我已经下了决心：如果安德生从莎姆泰炮台撤退的话，我也就只好离开白宫！"

这是一个多么壮烈的决心！

时间是四月十日黎明的时候，林肯派出两只运输船，喷着黑烟，在波平浪静的查尔斯泰恩港口外出现。南军的堡垒，就借此机会开炮，开始攻击莎姆泰炮台。

战火终于爆发了。那一场打了四年的南北战争，就是这样开场的。

首都告急

莎姆泰炮台的炮声，使北部的形势，立时起了一个大转变。

“星条旗被叛徒撕毁了！”

国民团结一致地站了起来。林肯一开始就征募了七万五千名的义勇军，在短短几天内，又有九万两千名青年来投效。到了六月中，又增加到了三十万人。

可是，当前的这个危难，要用什么办法来应付呢？保卫首都的政府军，一共才有三千官兵！而实际上，华盛顿已经陷入了敌人的重重包围中！朴脱马克河对岸的巴基尼亚，早已成为敌军的阵地。

那些征募的义勇军，这时才开始配备武器，还得要经过一番训练，才能建立起来。

首都华盛顿情势的混乱，简直到了不可收拾的地步，而关于敌军动态的情报却是：“南军正在继续向北推进中，已经踏进维琴尼亚州！”

奉令增援的纽约第六团，千等万等，终不见到达。原来梅丽兰德发生了叛乱，沿路的电线已经被割断。那些市民们，都很担心地暗地里这样议论：

“南军如果有一团的兵渡过朴脱马克河的长桥，冲进来的话，所有总统和内阁的各部首长，就要被敌人俘虏去！”

在白宫办公室内批阅公文的林肯，突然听到炮声，急忙跑下楼来：

“喂，刚才那个声音，是什么声音？”

“没有什么声音哪。”一个军官回答。

“没有吗？那一定是我听错了。”林肯说着，就往街上走去。

到街上一看，只见有些市民，拿出猎枪、棍棒和短刀等武器，在组织自卫团。他又走到议会大厦前面去，看见民众正在用沙袋、水泥桶和铁板等东西建筑防御工事。

“啊！总统来了。”

“这样看来，情形还好呢。”

市民们这样纷纷议论着，看他们说话的样子，还不怎么惊慌。

不过，四周被敌人包围着的华盛顿，粮食渐渐缺乏。林肯马上下令实施面粉配给，一面要妇孺避难到市郊去。可是，梅丽夫人却不肯走：“在总统还安全的时候，我们的安全也不会有问题。”

所以，无论如何，她还是要留在白宫，说什么也不肯离开。

原来她已经下了决心，生死要和丈夫在一起。

这时，大家所依靠的，只是一个纽约第六团。

突然，从老远的地方，传过来一阵“呜！”的汽笛声。市民们一个个都跑到车站去。

原来第六团赶到了！

看啊，那步伐多整齐；昂首行进的姿态，多英勇！

“救兵总算赶到了！”

市民这才放下了一颗沉重的心。可是，跟在这部队后面的是不少伤兵。据说才到半路，就在巴尔迪摩遭受了暴徒的袭击！有不少兵士受伤。

接着，巴尔迪摩的代表到华盛顿来交涉，说是不准北军的队伍在市内通过。林肯马上用讽刺的语气回答：“我们需要军队。可是，这些军队既不能从地底下钻过来，也不能插翅从天空中飞过来，我们要从梅丽兰德地面上经过，那是当然的呀！”

李将军

林肯处理政务的那间办公室，是在白宫的二楼，这里同时也是他的会客室。在靠西边的一间房间里，有一个大理石的壁炉，到了天气寒冷的时候，炉里的木柴，经常总是烧得红红的，所以屋子里非常温暖。

靠窗口的地方，放着总统的办公桌；林肯经常在这里批阅重要文件，起草命令文稿。在桌子上，放着圣经、莎士比亚戏剧、美国法典等书籍。

这时，林肯站在一个朝南的窗口，远眺着波平浪静的朴脱马克河。架起望远镜来，可以望见在风中翻舞着的南军的蓝色军旗。这个景象，使他感到一个大国总统的威风！

他这个感想，是对着一个李将军发出来的。

唉，李将军！这个李将军，除了林肯以外，算得上是美国当时的第一个人才。他虽然是在南部出生的，可是，却非常反对奴隶制度，他自己家里的奴隶，早就让他们恢复了自由。

“不论在一个怎样的国家内，奴隶制度，在道德上和政治上，总是罪恶。这制度对于白种人的害处，比对于黑人的害处还要大。”他的这几句话，和林肯的主张，完全一样。

李将军虽然是一个军人，却从内心里反对战争。在墨西哥战争时，他曾经从前线写过这样的信给他的太太：

“一想到当地的老百姓，我的心头就隐隐作痛！对兵士，我倒认为无所谓，可是，一想到那些妇女和小孩时，真使人觉得难过！战争是怎样惨痛，那决不是你所能想象的。”

被誉为美国第一名将的李将军，是一个主张和平的人。

所以，到了南北战争的危机迫近到眼前时，李将军心里真有说不出的难过，他写信给他的孩子：“要是美国的统一崩溃，政府分裂的话，我决定要回故乡，和民众一起受苦。”

林肯在选择北军的总司令时，属意的就是这个李将军，可是，他是一个南方出身的人，要他亲自拿着指挥刀，去扫荡自己所爱的家乡，实在是一件无法忍受的事情。

他在两天以后，向司各脱将军，递上了辞呈。

“这个损失，比损失两万人马还要大！”司各脱老将军这样感叹。

那么，李将军真的能够依着他自己的心愿，回到维琴尼亚故乡，优游在山林里，过着他的幽静生活吗？当时的情势，实在不允许他这样逍遥。

结果，李将军被拥戴为南军总司令，和这个在主义方面、在信念方面，都属于同一立场的林肯，站在敌对的立场上，打起仗来。

这实在是一处命中注定的悲剧。

失去了李将军的北军，在不得已的情势下，只得由司各脱将军亲自担任总司令的职务。司各脱固然也是一位在许多战役中，创造过辉煌战绩的名将，可是，他已是一位七十五岁的老人了。而南军方面，除了李将军以外，还有勇敢善战的猛将杰克生、足智多谋的约翰斯顿等许多作战人才。

当时，最使林肯感到困难的，是将领的缺乏。那时候美国的军人，以南部出身的居多数，战争爆发时，都回到家乡去，担任敌军的指挥官。

义勇军仍在每天继续不断地征募中，并在不断地武装和训练。可是，北军将领那样缺乏，由谁来率领这些兵士去作战呢？

“空穴是很多，塞进空穴去的钉子，却是不够的。”林肯曾这样感叹道。

这钉子不够的问题，终于成为惨痛悲剧的祸根。

布尔兰大会战

布尔兰大会战，发生在七月二十一日，那是一个天气晴朗的星期日。

这天，林肯照常到教堂去，只听从远处传来一阵阵猛烈的炮击声。布尔兰距离首都华盛顿，只有三十二公里。

他回到白宫，马上就问："前方的消息怎么样？"

因为白宫没有电信室，因此，所有一切作战的消息，都是陆军部派人送来的。这时，林肯所得的还只是些零零碎碎的消息，北军似乎处于优势。

下午，林肯赶到司各脱将军的司令部。到了五点半时，胜利大致已经确定。林肯就照常骑着马，出去散步。

傍晚六点钟，国务卿施华德脸色苍白的赶到了白宫。

"总统呢？"

"骑着马出去了。"

“接到什么作战消息没有？”

这时，秘书就把报告前方作战胜利的电报给施华德看。施华德看了低声说：

“千万不要告诉别人，这个电报错了。我们的军队，打了败仗！麦克杜威尔将军，现在正在退却中，他要司各脱将军保卫首都。总统回来时，你就把这情形报告给他听，请他马上到司令部去一趟。”

三十分钟后，总统骑着马回来了。秘书就把施华德的话转告给他。他默默地站在那里，听秘书的报告。听完以后，就一声不响地到总司令部去了。

施华德的报告是真的。之后，又接二连三地收到了不少战报，都是打败仗的消息。过了半夜以后，到前方去观战的人，一个个都回到华盛顿。大家都累得不成样子，惊恐地说出前方打败和退却的情况来。

“敌人一定会在明天早晨来进攻华盛顿的。”

从战场上逃回来的人，都众口一词地这样说。

“不会的。因为南军的司令官是李将军，他不会一直追过来的。”

林肯这样回答后，就在沙发椅上坐下，静静地沉思着。

第二天，天气就和前一天不同了，风雨交加。

横跨在朴脱马克河的长桥上，有成千成百的士兵、难民、黑

人，还有马匹，被大雨淋湿，跌跌撞撞不断地挤过来。不一会儿，这些人马，就挤到了华盛顿街头。

那惨状，使人连看也不忍心去看。

在街头路口，到处可以看到脸色发青的妇女，支起炉灶，煮咖啡招待那些退却下来的难民。

同时，还不断有打了败仗的官兵，排列着队伍，从泥泞的街道上走过去。街头巷尾，到处都有受伤的兵士，横七竖八地倒在那里。

满身污泥的军服，染着污血的军帽，躺在担架上的伤兵！

谣言越来越多，到处都在传说着："南军马上就要打到华盛顿来了！"

市民们慌慌张张地四散逃难，阁员和议员都吓得面无人色，大家劝总统赶快离开首都去避难。

在这样的混乱与恐怖中，只有一个人还是非常镇静，脸上丝毫没有变色。

这个人就是总统林肯。

他听完了参谋官佐的报告以后，说：

"嗯，听你这样说来，是我军把敌人痛击一阵以后，大家就一窝蜂跑散了。"

他开过这个玩笑后，马上转过身去，起草了一个给前线司令官的电报稿：

“要保卫首都！同时抢救部队！”

林肯这种临危不乱的态度，至今被世人传为美谈。到了这样的紧急关头，仍显露出平民坚强卓绝的性格来。他鼓励那些吓得慌作一团的阁员，振作起来，着手计划下一步工作。

平民总统

自从战争开始以后，白宫的警卫，立即严谨起来，林肯却讨厌这样的警卫。不过，军方还是瞒着总统，在白宫四周的草堆里躲藏着步哨，只要一发现行动可疑的人，马上就跳出来问："你是谁？"

当总统外出时，他背后经常跟着几个卫兵，可是林肯觉得很讨厌，往往从总统官邸后门溜出去，到街上走走。

林肯尽管当选了总统，还是过着过去的平民生活。平时总是穿着一件宽大的上衣，脚上穿一双蓝色线袜，拖一双拖鞋。不过，一碰到讲究仪容礼貌的绅士来访问时，他就马上换一身西服，正正经经地去接待客人。等到客人走了以后，他又照样跷起他那二郎腿，笑着说："罗马人总是像个罗马人呢！"

习惯早起的林肯，一到早晨六点钟，就拖着一双拖鞋，站在白宫门前。他一碰到那些急匆匆赶向工厂去上班的人，总是真心诚意地打着招呼：

“喔，早！我正在这里等卖报的呢。要是你在转角看到他们的话，请你招呼一声，叫卖报的到这边来一下。”

他天生是一个平民，是平民所产生的平民总统。他常常说：

“上帝最喜欢平民。他制造出来这么多的平民，就是最好的证据。”

一天，林肯从白宫的走廊里走过时，发现一个孩子，垂头丧气地站在那里。

“喂，小朋友，你怎么了？”

林肯走过去这样一问，那个身上穿着缀满补丁的衣服，脚上穿着一双破皮鞋的孩子，这样回答：“我要见总统！”

“噢，太巧了，我就是总统。”

这孩子的脸上，立刻浮起一股高兴的表情：“这我知道，因为我早把报纸上的相片剪了下来，放好在这里。”

那孩子就从衣袋里，摸出了一张剪下来的相片，给林肯看。

“不错，这是我的相片。那么，你来找我，有什么事情？”

“是的，我有个请求。请总统让我到议会去当一名工友！”

“哈哈，原来是要当工友吗？那你就去找议会的警卫长，政府里的事情，是各人分开来管理的；我尽管是个总统，可无权派用一个工友呀。”

“可是，我讨厌去见什么警卫长，我还是要请总统帮忙。”

“为什么你这样不听话呢？”林肯这样问。

那孩子便说明道：

“我的父亲，接到了总统的征兵令后，就去参加作战，不幸牺牲了！我父亲出征的时候，曾经对我说过，如果遭遇到什么困难，可以去找总统商量。总统是一个待人很亲切的人，一定肯帮忙的。

“可是，我想，只要我自己的力量做得到的话，我觉得还是不去找人帮忙的好，所以我就到一家铁工厂去做工。那家工厂里的领班，实在太凶狠了，白天不是用棍子打人，就是用脚踢人；一到夜里，他叫我穿着一件破衣服，睡在工厂的一间堆东西的库房里去，也不给我吃饱。

“因为实在太苦了，所以，我就逃了出来。万一被他找到时，说不定会给我吃一顿苦头呢！因此，我来求总统救救我！”

“原来是这么一回事！好，你来得正好！你父亲是为了国家牺牲了生命的英雄！来，跟我一起去。今后要认真做事，不要糟蹋了你爸爸的名声！”

林肯马上拉着那孩子的手，带他到议会的警卫长那边，说明了情形，要那警卫长让这个孩子做见习警卫。后来，林肯还把这个孩子送到学校去读书，替他缴学费，一直帮到他能自立。

还活着，活着

布尔兰战败的消息，一传开去，北部各州，立刻陷入了不可收拾的大混乱中！经济界起了恐慌，政府的公债暴跌。报纸开始展开攻击政府的论调，有的主张请外国政府来做仲裁，有的认为这是一场没有益处的战争，应该马上妥协停战。

可是，林肯丝毫不退缩：

“这时候如果退让一步，美国就要分裂。正义是非伸张不可的！”

当前最要紧的事情，是要找一个可以接替那位七十七岁老将军的司令官。有没有一个年轻力壮、意志坚强的名将来接替他呢？

没有！一个也没有！

所有南部出身的军人，都已到南军那边去了，在没有办法中，林肯只好把麦克勒伦，擢升为总司令。

麦克勒伦是一个年纪还不到四十岁，身材矮小的军人，相貌相当漂亮，尤其是他那骑在马上的样子，非常英武，所以，大家都称他为“美国的拿破仑”！他本人也就以拿破仑自居，把他指挥的东部部队，称为朴脱马克军。

可是，他是一个不动手的拿破仑。

“去把立基蒙德攻下来！”

国民尽管在这样呼喊着，甚至喊得连声音也已嘶哑了，麦克勒伦却始终不肯动手。在人数方面，已经足足率领着三倍于敌的兵力，还是按兵不动！

在圣路易士方面，有一个骑着一匹名马的将军，这人就是西部军司令官弗烈蒙德。这个弗烈蒙德将军，在政治方面很有声望，曾经被共和党提名为总统候选人。可是，他对作战并不高明。他虽然不断地向民众发出种种告示，然而只要一打仗，他总是惨败。

所以，林肯的烦恼，就只有一天天地增加。

林肯开始研究战术了。他的秘书经常看到政务室里的电灯，到深夜十二点甚至一点钟，还是亮着。因为总统独自在那里翻阅地图、图书与文件。

林肯在研究战术！

这一点也不值得惊奇，他曾经在公寓的椅子上，独自学习欧几里得的《几何原理》而成为一个测量技师；他一面在杂货店当掌柜的，一面研究法律，不也取得了律师资格吗？

不久，他就成了一个战术大家。

不过，战场的形势，还是没有好转。国内舆论哗然，政府的信誉一落千丈，经济形势恐慌。物价直线上涨，到后来，一块面包竟卖到两角五分！

就在这样的情况中，美国迎接了第二个非常时期的新春。可是，白宫里还是嗅不到春天的气息。

原来，总统的爱子伟利和泰德两个，都一起病倒了！

伟利和泰德都是聪明可爱的孩子。林肯有心事的时候，只要一看见孩子的面孔，就会绽开笑容来，逗逗他们，暂时忘了心事。

但是现在，他的两个爱子都病倒了。即使在举行重要的内阁会议时，他也放不下心，常常突然站起身来，跑去看看躺在病床上的孩子们。倘若看到孩子的情况转好，或者正在那里翻弄放在枕边的玩具或图画书时，他就非常高兴。

一八六二年一月，伟利终于病亡！林肯伤心得独自关在一间屋子里，什么人也不肯见。有人跟他来商量重大的政治问题时，他才摇摇晃晃地出来见客。可是，他的神色，已经憔悴得好像一个失去了灵魂的人！

相别六年的一个老朋友，和他见过面以后，这样形容：

“那副样子，真是变得使人惊异！胡子长得很长，脸色非常苍白。他那藏在浓眉下的两只眼睛深陷，似乎已失去了光彩！整个脸上，笼罩着悲怆的阴影，和以前的林肯，判若两人。”

这时候，一个著名的牧师温顿博士，从纽约来看他。他当面对林肯说，正当国家遭遇危难的时候，总统这样悲痛消极，不是一种罪恶吗？一面还这样解释：

“不必伤心，您的爱儿，还不是活在天国里了吗？”

林肯听了，马上从椅子上跳起来：“哎？还活着？活着？你开我的玩笑吧？”

“不，不。请您相信我！这是基督曾经这么说过的！”

林肯听了，直瞪着两眼，望着对方的脸孔有好一段时间，然后，就伸出双手抱住牧师的脖子，把自己的脸搁在牧师的肩上去：“活着，还活着！”

他这样连说了好几遍，跟着就放声大哭！他尽管已是相当年龄的人，但仍没有失去孩子般的天真至情。

奴隶解放宣言

战争开始以后两年，南北战争的目的，逐渐改变了。最初，是为了要维护国家的统一而作战，到了后来，成为解放黑奴的战争。

当然，国家如果不存在，就不能够解决奴隶问题。可是，随着战局的进展，到后来就变成如不能解决奴隶问题，就无法维护国家的命脉。

到底还是透彻了解当时情势的林肯，没有忽略这个变化。他认定：

“现在，是发表奴隶解放宣言的最好时机了！”

于是，他就在深夜里动手起草这个宣言，经过好几晚上的修改，才写好这篇稿子。

不过，林肯这个人，在处理重大事情时，不到必要的时候，他决不肯把他的心里的意思，轻易告诉别人的。

这天，他和国务卿施华德、海军部长威尔斯三个人，一起坐在一辆马车里。因为陆军部长斯丹德的孩子病死了，他们一起去送殡。

在马车上独自思索的林肯，突然开口了：

“无论如何，我非挽救国家的危机不可，当然，做不到的事情，我决不想做。因为，可以用的方法还有，所以我也不想拿出最后的王牌来。现在，我已经得到了一个结论。”

施华德和威尔斯两个，都很诧异地抬起头来，看着总统。林肯便继续说下去：

“我的结论是：要挽救国家的危机，同时，再从军事上来说，如果不解放奴隶，我们就要被人家征服的！”

这是林肯第一次把藏在心头的秘密，说给别人知道。

不久，他就召开紧急会议。

“现在，让我把一个文告念给大家听。”

林肯站了起来，开始宣读他自己悄悄起草的奴隶解放宣言。

阁员们听了，都大吃一惊，大家都睁大了眼睛望着他，心里都很纳闷：

“总统在什么时候，准备好这篇文告的？”

阁员们都围在一张铺着绿色台布的椭圆形桌子的周围，静静地倾听着。

林肯读完这篇稿子以后，那个被称为废除奴隶的急先锋斯丹

德，第一个抢着开口：

“这是我早就提出过的主张，我毫无异议。”

邮电部长白莱耶也站了起来：

“我们对于这个问题，非要慎重考虑不可。这时候如果发表这样的宣言，国内一定会引起许多反对的议论。我认为这对于明年总统的选举，也会产生不良影响。”

接着，阁员们一个个发表了不同的意见。林肯只是默默地听，最后，他又开口了：

“各位的意见，我都听到了。要是不解放奴隶，而能够保持国家的存在，我就认为不需要这样做；如果把奴隶全部解放，而能够维护国家的统一的话，那我就认为必须这样做了。我认为这场战争的最后目的，是国家的统一。这个想法，过去是如此，到今天还是没有改变。不过——”

林肯略微顿了一顿以后，又说：

“现在，已经不是议论解放奴隶的好处和坏处的时候了。美利坚合众国，如果不解放奴隶，已经到了无法团结的地步。所以，我要和各位商量的，并不是这篇宣言该不该发表的问题；而是这篇宣言，内容是不是妥善，要各位发表意见。”

林肯对于自己所抱的信念，丝毫不肯放松一步。终于，国务卿施华德这样表示：

“对于这篇宣言，我是赞成的。不过，我要问的是，现在是不是发表这篇宣言的时候。我军的形势，正处于不利状态中，一路撤退。在这时候，发出这样一篇宣言，人家一定会认为，这是我们穷途末路所施展的最后手段！所以，我认为应该在战场上打一场胜仗时再发表，不论在军事上或政治上，效果要好得多。”

林肯听了点点头：“这话的确说得很对，那就这么决定吧。”

他就把这篇宣言锁到抽屉里。等前方有胜利的消息传来时，再作决定。

是南军呢，还是叛军？

不久就是夏天。林肯和他的全家大小，一起住进总统的别墅里去。这所郊外的别墅，就在伤病兵的休养地附近。

在那四周丛林围绕的山坡下面，有一条小河贯穿树林；在林子里的小路上，不时可以看到头上或胳臂上裹着白色绷带的兵士，三五成群地在那里散步。

“看看那些受伤的战士，真是难以用言语来形容！”

林肯很难过地这样说。在座的朋友们听了，就劝慰他不必这样难受，胜利就在眼前。林肯听了，叹了口气回答：

“是的，胜利是一定会来的，不过，它来得太慢了！”

一天，他到一家战时医院去慰问。收容在这个医院病房里的伤兵，不下七千多人。他还是到每间病室去慰问，和伤兵一一握手，还问他们是属于哪个部队，在什么地方受的伤，是什么地方人，太太和孩子的情形怎样。这样一路慰问下来，那位为他带路的医师，累得几乎支持不住了！

当他们打走廊里穿过时，林肯突然站定：

“喂喂！”

原来在他们前面，有一个身高两米三的高个子伤兵，站在那里。

“了不起！”

这个身长一百九十五厘米的高个子总统，惊叹了一声以后，从头顶到脚尖，很惊异地看了那人一遍，然后走过去和他握手：

“喂，老兄，你的脚下感到寒冷的时候，要经过多少分钟，寒气才能传到你的头上去呢？”

说完，又一路走过去。等走到外面时，林肯回过头来，望着带路的军医说：“竟会有那样高个子的人，连我也比不上他呢！”

说着，就笑了起来，还准备继续走向另一栋病房去。那军医就拉了一下总统的礼服说：“总统，那边请您不必去了，那里面，全是叛军的伤兵！”

总统听了，就把他那只大手，轻轻地搭在那军医的肩膀上说：“你说错了吧，那些不是叛军，是南军的伤兵吧。”

接着，还自言自语道：“我们是在跟朋友——本国人作战，这是一件使人痛心的事情！”

终于，他还是走进那病房里，一个一个地慰问。

慰问完毕，足足费了三个多钟点。

“我的孩子们！”

林肯最喜欢的是士兵。他向着官佐敬礼的时候，只让手和帽子接触一下就算了。可是，当他向伤兵敬礼时，一定要脱帽。

他经常把他的士兵，称为“我的孩子们”！的确，每一个士兵，在林肯看来，都是他的可爱的孩子。有一次，从战场上，传来了两万士兵阵亡的消息，林肯听了，不停地惨呼着：

“两万条生命，就在一天内消失了！这叫我怎么忍受得了！怎么忍受得了！”

他整整一夜没有睡觉，整整一天没有吃东西。

有一次，一个穷苦的老太太到白宫来看他。他听那老太太说，她的丈夫和三个儿子，都在前方作战。结果，丈夫战死了，她自己又害了病，生活实在维持不下去了，所以，要求放她的大儿子回来。

林肯当场拿起笔来，下了一道准许她大儿子退伍的命令。

不久，那老太太又来看他。原来她赶到战地去，打算接她的大儿子回家来，哪知道她的大儿子已受了重伤，进了医院。于是，她只好赶到医院去。真想不到，她到医院时，她的儿子已经不治身亡了！

“总统，请你看一看，事实就是这样！”

那老太太就把医院院长写在总统的命令背后的报告，递给总统看。林肯看完以后，说：

“不必再说了，你需要什么，我已经知道了，让你的第二个儿子回家吧。”

总统说着，就拿起笔来，写下他的命令。

那老太太看了，不住地流下泪来。跟着就走近林肯身边去，伸手抚摸林肯的头发，那种亲爱的神情，简直就像是在抚慰她的亲生孩子一样。

等到他那命令写好的时候，林肯那两个大大的眼眶里，也充满着热泪！他把命令交给那位老太太，说：

“你剩下的两个儿子，一个给你，还有一个交给我，这样很公平吧。”

老太太很恭敬地接过那一纸命令后，又伸出她那只干枯的手来，放在总统头上：

“愿上帝保佑你！上帝呀，应该让林肯先生活上一千岁！让他永远来担任我们这合众国的大元帅！”

千古不朽的署名

那一份奴隶解放宣言，就在抽屉里，静待着有利时机的到来。

到了九月中旬，才传来胜利战报。原来麦克勒伦终于在安其顿打败了李将军。

当天，林肯就要全部阁员到白宫来。

“以前，我曾经把奴隶解放宣言的文稿，给大家看过了。那时，大家都认为，还不是发表的时机。当时，我也同意大家的主张，现在，我认为已经是发表这篇宣言的时候了。”

威尔斯听了，问道：

“总统，为什么你认为这已是发表那篇宣言最合适的时候？”

林肯回答：

“对于这次战争和奴隶的关系，我已经研究了很长的时间，我曾经向自己说过，同时也向上帝立过誓，当南军迫近斐力德立克，而我们却能够把敌军从梅丽兰德赶出去的时候，就要发表这篇奴隶解放宣言，现在，已到了实行这个预定计划的时候了。

“我并不是要大家来鼓励我，因为我已经下了决心。可是，我也不会轻视大家的意见，请大家不要客气，尽管发表意见！”

“在我看来，现在发表这个宣言，总嫌太激烈，要不要再等一个时候？正当这个成败的重要关头，我们的内部是不能分裂的。”

林肯听了，就用沉痛的语调回答道：

“各位，历史，是我们没有办法逃避的，所有在这个政府里的人，不管他是不是愿意，总会留在后世人们的记忆中。把自由还给奴隶，是自由人应该遵守的自由。现在，我们必须来决定：是勇敢地挽救这世界上的最高希望，还是让这个希望消失下去呢？路只有一条，看大家选择哪一条。现在，我请求大家赞成我的主张！”

于是，那篇伟大的奴隶解放宣言，就在一八六二年九月二十二日那天发表了。

这一天，许多人都来向林肯祝贺，白宫门口真是车水马龙，非常热闹。黑人们也成群结队地聚集在白宫门前，可是，他们到底还有点迟疑，不敢进入白宫去，只是挤在别人后面，呆呆地站在那里。

刚巧，林肯走到了白宫大门口来，一看见那成群结队的黑人，便大踏步走近那黑人身边去，很高兴地伸出手来，和大家握手。

这时候，多少年来压在心头的悲痛，和今天的高兴，就一起涌现在这些忠厚的黑人们的脸上！他们实在太高兴了，先是高声大笑，终于又放声痛哭起来！在他们泪如雨下的哭声中，响起了这样的声音来：

“愿上帝保佑你，上帝啊，请你降福给亚伯拉罕·林肯！”

次年的一月一日，就是林肯那篇奴隶解放宣言，在全世界人的面前开始生效的日子。

这一天，白宫很早就挤满了道贺的嘉宾。到了下午三点钟时，国务卿施华德拿着那篇宣言，走进总统办公室里来。林肯说：

“在我一生中，再没有别的事情，使我像在这篇宣言上签字时那样充满着自傲与自信。我的名字如果能够永恒地留给后世的话，恐怕就因为这篇宣言吧。今天，从清早起就和来宾握手，现在我的手已经酸痛了！后世的人们也许因为我在签名的时候，手在发抖，就认为我内心里对这件事情还有些犹豫不决呢。”

说完，林肯就在桌子前面慢慢签下了“亚伯拉罕·林肯”这几个字。

“从现在起，各州内被充作奴隶的人们，获得永久自由。违反的人，就是背叛合众国的叛徒！”

眼泪与笑容

奴隶解放宣言是发表了，可是，战局还是没有好转过来。

当安其顿获得大胜时，林肯真是太高兴了，便接二连三地打电报到前方去，这样下令：

“拿出全副力量追击！不要让敌人保全实力逃去！”

可是，那个马克勒伦将军还是不敢追击；结果给了南军的李将军一个整理残部、卷土重来的机会。于是，北军又在斐力德立克堡吃了一场大败仗！

到了夜深人静的时候，林肯躺在寂静的白宫的床上，翻来覆去，整夜不能入睡，他不断地自言自语：

“我真不知道怎样才能够睡着，我知道休息对于身体的重要。当然，我也很明白，使我感到疲劳的原因，并不是在身体方面，而是在精神方面。”

连续三年残酷的战争，终于使他那容易感触的心情，变得越发苦恼。

“那是因为极劳过度，才会睡不着觉，休息两个星期好不好？”

有一个参议员这样劝他时，他却愁眉苦脸地回答道：

“两星期也好，三星期也好，都没有用处。我不管走到哪里，我的心思，总离不开这个伟大国家的前途！”

使他从这样的忧愁苦闷中解救出来的，是他那经常挂在脸上的笑容。林肯从年轻时候起，就喜欢开一点无伤大雅的玩笑。他就靠了这样的玩笑，从绝望中解救了出来。

一天，当一个政界人士去访问他时，他正倒在椅子里，很高兴地读一本他非常喜欢的书。

“老兄，你看过这本书没有？实在有趣！我念一段给你听听！”

说着，林肯就开始读了起来，那客人立刻板起脸孔说道：

“总统！全国的人们正为了前天那场败仗非常难过！你却在这里看这样一本无聊的闲书！”

林肯一看到对方那副认真的表情，脸色马上就沉了下来，两行泪珠，夺眶而出，他手里那本书，也掉在地上了。

“请原谅我！我要是不能从这样沉重的心事中，得到片刻的解脱，那我就只有闷死一条路！”他的眼泪与笑容中间，只隔着一层纸！

而且，在不幸中还有一件更不幸的事情，那就是妻子梅丽在南方的亲戚弟弟们，一个个都丧生在战场上！因此，夫人的性格就逐渐变得喜怒无常，只要林肯一开口，就连声不绝地责备他，使林肯非常难过。

所以，这时候的林肯，已经得不到家庭的安慰，唯一能给这个孤寂的总统安慰的，是他的爱子泰德。他的第二个儿子，已经病死，而大儿子劳勃脱，正在波士顿的哈佛大学读书，所以，那个年龄刚满十岁的泰德，就独占了父亲的宠爱。

泰德实在是一个非常可爱的孩子！他的哥哥伟利在世时，两个人一起喂养着山羊，往往把那头山羊牵进总统官邸，不是拴在丝网坐垫的椅子上，便是牵在手里，在走廊里东奔西跑。

不管他父亲到什么地方去，泰德总是跟着一起去。到白宫去访问的人，常常可以看到这一幕情景：父子两人，一个埋头在大办公桌上处理公文，一个在旁边的一张小桌子上看着图画书。

有时候，父子两个挤在一张椅子里，很高兴地一起看图画书。

脾气很大的陆军部长史丹德，对泰德却另眼相看。有时候，史丹德还这样开玩笑："小宝宝，给你做个少尉好不好？"

泰德听了非常高兴，马上要史丹德给他做一套军服，即使在吃饭的时候也不肯把指挥刀放下。他把官邸里的工友统统叫来，摆出一副军官的样子，喊叫口令来：

"集合！开步走！"

泰德喊起口令来，那副神气的样子，林肯看了，也忍不住笑出声来。

总统到朴脱马克前线去视察胡卡将军的司令部时，泰德也跟他父亲一起去。他骑着一匹小马，紧跟着身上穿着礼服、头上戴着礼帽的总统，有时并排站在刺刀林立的千军万马面前，那副可爱的样子，使全军的官兵，都露出衷心的微笑。

“总统万岁！万岁！”

当全军的官兵这样欢呼着的时候，泰德也挥舞着他手里的帽子，在纵队的中间，到处跳跳蹦蹦。当泰德对着那一面具有光荣历史的破旧国旗，举起他的小手很严肃地敬礼时，全军士兵高兴得简直要疯狂了。

那些士兵，都以“我们的小元帅”称呼他，可见泰德多么讨人喜欢哩。

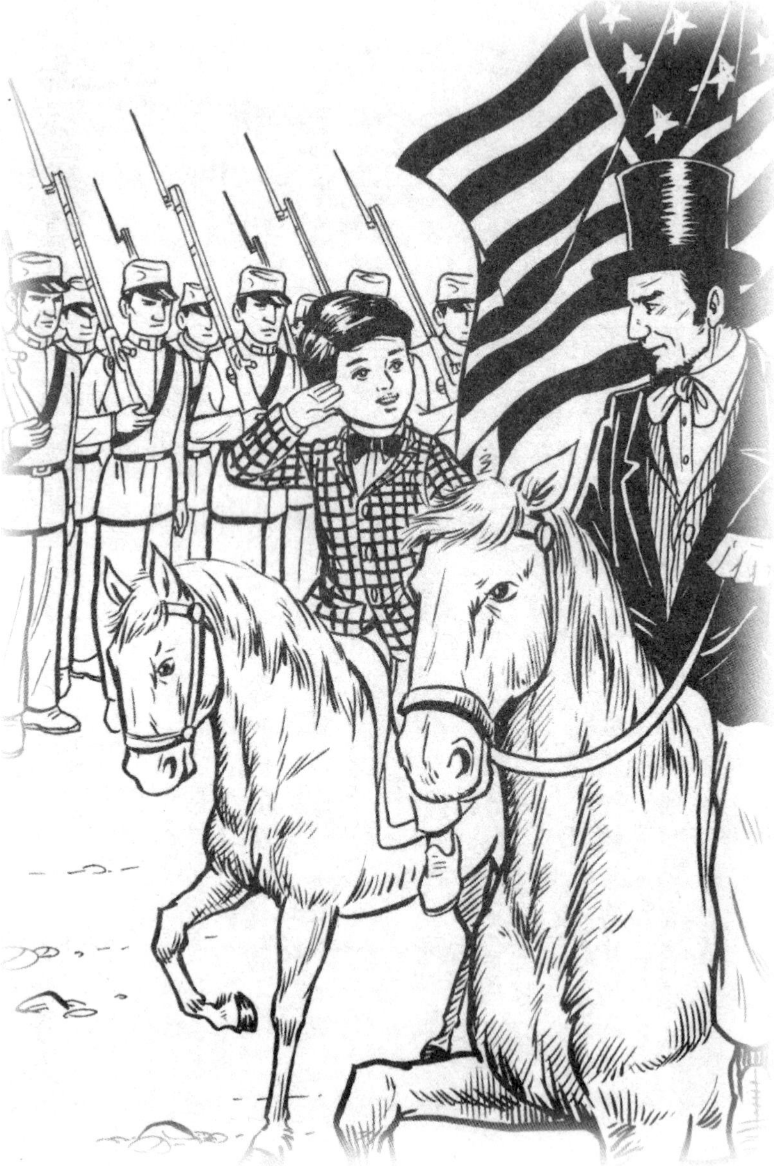

美国救星

MEIGUO JIUXING

当林肯走过去时，那些黑人，一个个都扑通一声，跪在地上。

名将风度

“我已擢升格兰德为少将，同时，我要他去把杜奈尔逊城攻下来，作为献给总统的圣诞礼物！”

林肯手里捧着西部军司令官哈勒克发来的这份电报，默默地沉思。过了一会儿，他就这样喃喃自语：“到底还是这个人行！”

林肯从很久以前，就认为格兰德是一个人才。别的将军们一有行动，不是请求增加兵力，就是请求武器弹药。可是，格兰德从来不会提出任何要求，而他却在不声不响中建立起辉煌的战果。

“这的确是个不平常的人物，他说不定会成为一个很有建树的将军。”

林肯这样想着，就提起笔来，起草发给哈勒克将军的复电：

“来电悉。攻下杜奈尔逊城，非常重要，希即发挥全力进攻。”

事实上，这时格兰德已经包围了杜奈尔逊城，也已劝告敌人无条件投降了。

不久，杜奈尔逊城果真被打下了，格兰德就正式晋升为少将。当哈勒克将军调到华盛顿就任总司令时，就由格兰德接替西部军司令官的职务。

从这时候起，林肯对于格兰德将军的信赖，一直丝毫没有动摇过。当格兰德将军的部队在西罗的激战中惨败，死伤三万五千人时，参谋本部大惊失色！可是，林肯说：

“格兰德的确能够打仗，让他再打几次再说！”

这时，有人在林肯面前说格兰德将军的坏话，说他天天喝酒，把前方弄得很糟。林肯听了，问道：“你知道他喝的是什么牌子的威士忌？我要去买一桶来，好分送给别的将军们！”

他说这话的意思是，其他的将军们，要喝酒不妨喝个痛快，也可和格兰德将军一样，好好地打仗。

不管格兰德将军怎样能干，要是在他背后没有一个这样信任他的林肯的话，恐怕就不能成为一个有名的将军了。

这时候的格兰德将军，正用他的全副力量，进攻维克斯堡。维克斯堡城的西边是一条宽阔的大河，东边是一座险峻的高山，所以，敌人自认为是一个攻不破的堡垒。果然，格兰德围攻了五个月，死伤了六万余人，还没有攻到外堡线。

这时，国内到处听得见责难的论调。可是，不管多少人催促他要调动这个司令官，林肯还是不听。

“格兰德一定会成功，除了他，再没有人攻得下这座城来。”

果然，格兰德并没有辜负林肯的信赖。一八六三年七月四日那天，那个富于谋略的敌将约翰斯顿，终于因为弹尽力竭，而自动向格兰德投降。

维克斯堡的攻陷，使南北战争的形势起了一个大转变。从此，格兰德将军所率领的远征军，马上席卷密西西比州，并出动大军，攻进了田纳西州，而他就成了南部大平原的支配者！

这时候，“名将格兰德”的英名，传遍全国，到处受到大家的称颂。

林肯当然非常高兴，就擢升格兰德将军为中将，用来酬报他的功劳。这时候，美国的中将，除了国父华盛顿以外，只有一个司各脱将军。所以，格兰德晋升为中将，实在是破格的擢升。

这天白宫灯火通明，华盛顿街头到处响起了欢呼声，因为这是格兰德将军进京的一天。

林肯和格兰德将军见面，这还是第一次。可是，已经用不着介绍，林肯立刻在济济一堂的武官和文官中，认出了那个红脸矮矮的军人就是格兰德。因为他早就在相片中熟识了。

格兰德将军很有礼貌地走近林肯身边来，抓紧林肯的手，一面这样问：

“请问总统，有什么愿望吗？”

“敌人的首都立基蒙德！怎么样？攻得下来吗？”

“当然，只要有足够的兵力。”

“那我就派兵给你。”

这件大事，就在这样三言两语中决定了。

接着，他们两个坐在沙发上，闲谈了一阵。然后，格兰德站起身来：

“好，我就告辞了。”

“哎？你就要回去吗？今晚总统夫人有个晚宴，你不参加吗？”

“这番好意我很感谢，但我今天非回到田纳西去不行。”

“可是，今晚没有你参加的这场晚会，简直是在哈姆雷特这场戏里，没有哈姆雷特参加演出一样呢。”

梅丽夫人用很惋惜的口吻这样回答。

“这实在抱歉！因为我非得赶到前线去不行。在这个时候，要参加一个晚宴，就相当于国家的几万官兵的死伤、几百万金钱的损失呢！”

格兰德将军就离开了首都。在他走后，林肯对周围的人们说：

“这时我才放下了肩膀上的一副重担！这样的将军，才是一个真正的军人。关于作战计划，在我面前半点也没有提到，我也什么都没有问他。这样实在不错，不必我参加意见，他自己会负起责任来，使我非常高兴！”

盖茨堡的演说

一八六三年一月十九日那天，林肯戴了一顶大礼帽，坐在火车上，看他那样子似乎不大舒适。他要到盖茨堡新战场的阵亡将军墓前，参加追悼会。

盖茨堡战役，发生在攻陷维克斯堡后的第二天。这两场战斗，才真正是决定两军胜败的最后大决战，北军就是靠这两次胜仗，开始显露出了胜利的曙光。在这一场战斗中，北军的九万三千人的兵力，损失了两万三千人！南军有七万三千人左右的损失。

那个追悼会的广场，被几万来自各地的阵亡将士的遗族挤满了。

第一个站上讲台去的爱佛立德博士，是一个很有学问的人，他历时两小时的演说，听众们听得相当满意。接着，身材颀长的林肯，很严肃地站到讲台上去。

他从衣袋里摸出了一张纸来。然后戴上一副眼镜，向全场听众看了一遍。不一会儿，林肯那深带着哀痛的语调，就传遍整个广场。

“八十七年以前，我们的祖先，在这个大陆上，创造起一个新的国家。这是一个在自由中生长，高喊所有人生下来都是平等的神圣口号的国家。

“现在，我们正为了一次大规模的内乱而作战。这场战争是这个国家、同时也是所有一切在这样的环境下生存而且标榜着平等主张的国家，到底能不能生存下去的一个考验。

“现在，我们大家正会集在这个大战场上。我们在这里，要把这个战场的一部分，奉献给那些为了这个国家而牺牲了他们的生命的人们，作为他们最后安息的地方。我们现在这样做，是非常合适、而且也是必须的。

“不过，我们如果从更广大的意义说来，我们并没有奉献这片土地的权利，我们并没有净化这片土地的能力，我们并不能够把这片土地当作神圣的所在。因为，那些在这片土地上英勇作战过的人们，不管他们还活着或已经战死，他们已经净化了这片土地；所以，要想给这片土地增加或减少一点神圣的价值，决不是我们的力量所能够做得到的。

“世界上的人们，不会注意到我们这里说的话，也不会长久记忆下去；可是，这些牺牲在这战场上的人们所完成的事业，是大家决不会忘记的。

“我们还活在这里的人们，对于那些在这里作战过的人们，曾经那样英勇地奋斗而还没有完成的事业，非贡献出我们全部的力量，去继续完成不可。也就是说，我们为了要完成先烈们所遗留下的大事业，非尽我们所有的力量不可；对于这些光荣战死的人们，竭尽忠诚的那个崇高目的，我们也非继续竭尽我们的忠诚不可。我们须痛下决心，决不让这些战死了的人们，白白地牺牲了他们的生命。那么，这个国家在神的庇佑下，自由将会重新诞生；这就是说，民有、民治、民享的民主政体，将不会从地球上消灭。”

林肯的这番演说，只有短短的五分钟就结束了。可是，他这一番庄严中含有说不尽悲痛的话，听到的人没有一个不深受感动的。

说句老实话，在这样一篇简短的演说中，竟能够把国家崇高的目的、人类远大的理想，那样生动而有力地表现出来的，还不曾有过。一直到现在，这篇演说，还是世界上一篇重要的文献。美国人没有一个背诵不出这篇演说词的。

那么，林肯站在盖茨堡的讲台上时，为什么表情竟是那样沉痛，语调竟是那样哀伤呢？而且，他在这篇演说中，攻击或非难敌人的话，一句也没有提到。原来，这时候他的心里，早已没想到去憎恨敌人，却只在想一心一意地去作战，好决定人类的命运。

到底为了什么，人类要互相仇视、互相征战，甚至非流血不可呢？这个问题的答案，是因为我们要贯彻我们的正义。可是，

敌人还不是一样这么说吗？

这样说来，要使正义在人世间实现，一定非经过战争不可吗？为了正义而人与人就互相厮杀，这是神所许可的吗？

因此，林肯一想到每天每天，数以千计的青年在战场上被杀伤亡的那种残酷景况，心里实在难受！斯顿河一战，死伤两万五千人的报告送到总统府去的那个早晨，总统就独自靠在办公室的窗边，吟诵着罗苹·格莱的哀伤诗句。

看到了总统的这副哀痛神情的一个女子，自言自语了起来：“总统说不定不会长命！”

林肯经常到荒凉的战场上，在泥泞的战壕里到处奔走，距离敌人的前哨线，往往只有三百米的距离。士兵们向总统欢呼的声音，在敌人的阵营，都可以清楚听见。

身材瘦长的林肯，实在是敌人的好目标。子弹常从林肯耳边掠过、胸口擦过，可是，林肯一点也不害怕，完全和平常一样。

他每到兵站去时，总是要看看锅，看看兵士们到底吃些什么。那些制服上满身污泥的士兵，在激战中拿起香喷喷的咖啡来解渴时，林肯说：

“喂，看样子味道还不错吧？也给我来一杯！”

他就笔直地站在那里，很高兴地端着杯子喝了起来。这是他心神最安泰的时候。

青年士兵的生命

那是盖茨堡战争终了后不久，发生的一件事情。

一个十五岁光景的少女，在黎明前漆黑的乡间道路上，急匆匆地赶到车站去。她手里提着一个小包裹，怀里藏着一封信。

“喂，白兰莎姆，这样早要到哪里去？”和善的老站长边说边走进候车室来。

“我要到华盛顿去看林肯先生。”

“哈哈，原来总统是你的朋友呀。”那站长像是开玩笑似的，这样说。

“你还不知道哩，我不赶快去的话，我哥哥的性命就难保了！”

“什么？辨尼的生命发生了危险吗？”

站长立刻认真地这样问。

“是呀。我接到哥哥的来信，才知道他很可怜呢！所以，我趁着爸爸还在睡觉的时候，就悄悄从家里溜了出来。”

“原来是这么一回事！那就早点去的好。因为林肯先生是一位心地善良、乐意助人的人。”

这个热心的站长，就让她免费乘车到华盛顿。

火车载着这个满腔心事的少女，从这片平静的田园中，轰隆轰隆地前进着。

那时，林肯正在白宫的办公室里，忙着处理那积得很厚的文件；忽然，房门不声不响地开了，他觉得好像有人走了进来。抬起头来看时，只见一个小女孩，没精打采地站在那里。

“哎！你到这里有什么事？”

素来喜欢孩子的林肯，和颜悦色地这样问，那女孩就畏畏缩缩地走过来。可是，她那娇小的身体，在那里一个劲儿地发抖！这也难怪她，因为这是她第一次见到总统。

白兰莎姆终于开口了：

“我的哥哥辨尼，将要被杀死了！请总统救救他！辨尼只是在站岗的时候，打了一下子瞌睡！”

“这个，白兰莎姆，哨兵的任务是很重要的；一疏忽就可能有几千几万的士兵丧失了生命呢！”

“嗯，这个我知道。我爸爸也是这样说。可是，辨尼实在太可怜了！他身上背了两份背囊和枪支，因为吉美害了病，所以，杀辨尼是不应该的。”

她越是着急要救辨尼的生命，说的话越是零乱。

“这事情，详细情形我也不清楚，我倒要问你，白兰莎姆，你身边还带着一封信，是不是？你把信拿出来给我看看！”

林肯接过那封折得满是皱纹的信，静静地读下去：

爸爸，你读这封信时，我可能已经死去！我因为耽误了重大任务，被判处死刑。我因为违犯了军纪，所以丝毫没有怨恨。不过，在父亲面前，我得把情形说个清楚。

那个吉美很可怜，他才十六岁，比我还小两岁。当我们一起来当兵的时候，他妈妈曾经托付我，要我多多照顾他。这次他害了病，我看他的样子实在受不住，便把他的背囊和枪支接了过来，替他背着。这样在行军中的两个人才没有落伍。

真不幸，那天晚上，就轮到吉美站步哨，病刚好的吉美，哪有气力站岗呢？我自己也因为背着两个人的背包、枪支和弹药，经过了二十五公里的急行军，所以，到了傍晚站在阵地上时，累得简直像棉花一样，差一点就要倒下来！可是，我还是代替吉美去站岗。

我用尽全身力气，睁开眼睛站在那里。我叉着两条腿，用足劲呼吸。我为了要赶走睡魔，不让自己睡去，就尽量地去想爸爸、妈妈，还有白兰莎姆，甚至还去回想常在思念中的家乡的树林和河川，可是，结果都没有用！

归根结底地说一句，还是怪我自己不中用！当我清醒过来时，我的同伴，早就发觉我在站岗时打瞌睡了！

读着这封信的林肯的脸上，浮现起了一层非常难过的表情来。可是，他的眼睛，还是盯住在那封信上，继续读下去：

可是，爸爸，请你不要怨恨那个队长！队长为了要救我的命，已经不知尽了多少力量。可是，这是军纪，什么法子也没用了。

同时，请你们不要责怪吉美。因为吉美实在太可怜了！昨天吉美还送一封信来给我，他的信里说：'我实在对不起你！我尽管向团长写报告，请改判我死刑，他根本不肯受理。你心里也许要恨我，可是，要是你真的死了，我也不会活下去的！'

我决不会害怕死！可是我却不愿意吉美就这样没有意义地死去。我们两个最好都能够在战场上英勇地战死，现在，我只是对于这一点感到万分遗憾！

不过，当执行枪决时，我决不会有丝毫畏缩的。我已经对士官说过，我不需要掩藏眼睛、捆绑双手，一枪就把我打死好了。我要保持我的勇士风度，要张开着眼睛，从容就死！

仁慈的上帝，请你保佑我的父亲、母亲，还有我的妹妹！

读着这封信的时候，总统的泪水不断地淌下来！

他把信轻轻地装进信封里，不声不响地靠近桌子，拿起一支钢笔来。

“把这封信用特快电报发出去！”他把信交给一个侍从。接着，就走近少女，把他那两只大手，放在少女肩膀：

“白兰莎姆，你放心好了，你哥哥不会死的！”

“哎？你肯救他？”

“是的。辨尼是一个真正的勇士！这样可爱的孩子，总统怎么能不去救他！美国就要靠这些人的力量，来挽救国家的命运呢。”

这样，辨尼就因总统的特赦，免去了被枪毙的命运，而且还从一等兵擢升为班长！

短鞘装长剑

后来的战局，并没有多大的变动；不过，从一八六四年的春天起，南军到底因为兵力不足，逐渐受北军控制。

不过，当时国内的盐首先告缺乏，到了冬天，煤炭没有来源，到了夏天，冰也很缺乏。大家连皮鞋都没得穿，只好用木鞋来代替。到了最困苦的时候，只好把报纸裹在脚上去作战！武器弹药也不足，同时兵力也不够。

所有从十七岁到五十岁的男子，都被征集到战场上。

这年秋天的十月间，又逢总统选举，林肯以压倒性的票数，再度当选为总统。

这时候，南军的战败趋势，已经相当明显！不过，南军的李将军，擅长作战，一再出奇兵袭击，威胁北军。

可是，这也等于最后的回光返照，不久势必消失。

亚利将军所统率的南军两师人马，突破了战线，进迫华盛顿。

敌人的强力炮兵队，已快逼近市区。位于郊外的邮电部长泼来亚的住宅，一下子就被烈火烧得精光！市内也到处有敌人的炮弹射过来。华盛顿的市民们，又急得走投无路了。

可是，林肯这时候已不用去翻阅军用地图，参加指挥作战了。

因为，司令部里，已有那位格兰德将军，坐镇在那里。

果然在一星期内，强大的救援部队，就从立基蒙德赶到了华盛顿，马上把南军赶走，把国都从危急中救了出来。

夏曼将军于十二月中攻下了阿德朗泰市；于是，敌人的首都立基蒙德的陷落，只是时间上的问题了。

南部联邦的总统戴维斯，辞去了总统的职务，把所有的责任，都移交给李将军。其后不久，南部的议会，通过了一个征召黑奴为义勇军，并给予自由的法案。

回想起来，经历的苦心筹划的日子，的确相当长。不过，现在离战局解决的日子已经不太远了。

一天，一个叫做瑞威德的朋友，去看林肯时，只见他坐在敞开着的窗口边，歪着头，倾听着枝头传来的小鸟的歌声。

瑞威德和他谈完话以后，林肯又继续倾听小鸟的歌声，而且还这样赞叹：

“这叫声真好听！”

这并不是因为战争胜利而自负的总统的态度，而是因为那惨痛的流血可以停止，从此黑奴就可以成为一个与万物同乐的自由人的缘故。

时间接近三月底了。

“在攻陷敌人的首都立基蒙德以前，请你到这里来，看看这最后一战的情形。”

由于格兰德将军的这一个邀请，林肯就到詹姆士河上，作十天的出巡。

旗舰马尔本号，并不是一条大船，波克海军提督把一间司令官的房间，特地拨给总统使用。可是，林肯却说：

“我不喜欢这样漂亮的房间。”

他还是走进前面一间副官的寝室里去。这间寝室，一米八长、一米五宽，是一间站起来可以碰到头顶的小房间。第二天早晨，提督问他：

“怎么样？昨天晚上睡得可好？”

总统一听，非常高兴地开了个玩笑：

“睡是睡得很好。不过，一枝长剑，却被放进一个短的剑鞘里去了！”

他那个一米九十五高的身体，睡在一张一米八长的床上，当然是不会舒服的。

第二天，趁着总统上岸不在船上的时候，提督赶紧拓宽寝室，到傍晚时，一张两米四长，一米八宽的床就做好了。

提督并没有把这件事情在总统面前提起。到第二天早晨，林肯和提督一见面，就笑着说：“昨天晚上，发生了一个奇迹！在一夜之间我的身体的长度，缩短了三十厘米，宽度缩小了十五厘米呢！”

光荣归于上帝

几天以后，敌人的都城立基蒙德就被攻陷了。于是，林肯就和波克提督两个，带领着几个水兵上岸去。

眼睛里所看到的，只是一片荒凉的战场遗迹，民房已经被破坏得连影子也看不到了，所有的树木，都被轰得东倒西歪，地面上，到处是被炮弹炸成的窟窿。

只有十几个黑人在那里翻掘被烧毁了的家。

在那里指挥着工作的一个黑人，用手遮着眼睛，从老远就凝望着这一群人。突然，他手里的铁锹掉在地上，大声地叫了起来：

“林肯先生来了！伟大的救主来了！真光荣，哈利路亚！”

当林肯走过去时，那些黑人，一个个都“扑通”一声，跪在地上，抬起他们那满沾着汗水和污泥的漆黑的脸孔，凝聚着温和的乌黑眼珠，不胜敬慕地看着林肯。

“唉，我们就靠了这个人的力量，获得了自由呢！”

他们感激得连话也说不出来，跪着挨近到林肯身边，伏在林肯的脚上亲吻！

林肯很亲热地阻止他们：

“你们不要跪在我的面前，应该跪在上帝面前，向上帝叩谢。为了今后所能够获得自由，应该向上帝叩谢。我这样做，只是遵照着上帝的吩咐而已，不过，大家尽可放心，只要我活着，谁也不能把桎梏放到你们身上去。”

他的这番话，那些知识低浅的黑人，到底能理解到什么程度，当然不得而知。不过，当林肯说话时，从眼睛里簌簌掉下来的泪珠，和黑人眼眶边的热泪，早已汇成一道共通的洪流。

这一场偶然的遭遇，使林肯心头感到无限的温暖与欣慰。

黑人们手牵着手，在他们的救主四周，围绕成一个圆圈，唱起赞美歌。

在不知不觉间，路上已挤满了黑人。这些人刚才根本都不在这里的，他们是从地上钻出来的，还是从天上降下来的呢？

原来，有一个黑人，站在对面一座小山上，连蹦带跳，呼喊招手，就召集了这许多同伴来。

“光荣归于上帝！光荣，光荣，光荣！”

他们感动到了极点，除了这句话以外，再也没有别的话可以表达。

“上帝，我们感谢你。感谢你庇佑了林肯先生！”

一个中年黑人妇女，坐在路边，像小孩子般在大声啼哭。

这时，林肯一面淌着眼泪，一面不声不响地摘下帽子，鞠了一个躬。

“哎呀，总统脱下帽子了！”

黑人们再也说不出话来了。因为这个白种人，而且还是总统，向这些曾经是奴隶的黑人脱帽鞠躬，这是一种冲破一百多年传统的举动。

不一会儿，林肯这一群人，被拥过来的黑人围裹在中间，连身体也动弹不得！这时候，林肯又不得不开口了：

“朋友们，现在各位都自由了。这自由，是上帝赐给各位的。你们的自由，被剥夺了那样久，这是白人的罪恶！可是，各位今后要好好努力，不要辜负了上帝所给你们的这个恩惠，好使世界上的人看了，都认为把自由给予你们，的确值得！”

于是，他们这一群人，才算从群众中找出了一条路，走向立基蒙德去。可是，沿路不断有一群群的黑人集合在那里。他们走了一个钟点，还走不到一公里的路程。

那正是天气闷热的时候，同时，又因为挤在路上的群众太多，沿路灰尘很大，而且空气又沉闷，使大家身上都发出汗臭来。不过，林肯的头和肩膀高耸在群众的上面，所有男女老幼，都看得非常清楚。

“救主！救主！我们的救主！”

大家众口同声地这样呼喊着。那些稍微摸到了林肯的衣服或是手的人，都像接触到上帝那样地激动和高兴。

“这些人真太可怜了！他们看到我，竟是这样的高兴！”

林肯不禁这样自言自语起来。从四面八方，不知投掷来了多少白花、黄花、红花——各种各样的鲜花!

投掷这些鲜花的，当然是黑人。这些花，投满了林肯的肩头和胸口，在夕阳的映照下，显得分外鲜明。这是黑人们出自至诚的感谢标志。

敌将投降的一天

四月九日，一个天朗气清的春天早晨，格兰德将军坐在亚坡马托克斯附近的马克林农庄里等候着。

从老远传来一阵咯噔咯噔的马蹄声，不一会儿，南军的总司令李将军，带领他的参谋人员，走了进来。南北两军的总司令官，就这样见了面。

格兰德将军很恭敬地行了个举手礼。李将军也很恭敬地答了礼。

“李将军，能够以将军为敌手而作战，这对于身为军人的我，实在是一种荣誉！”

“不说了！我也已经尽了我的全部力量，可是，你比我行！我很坦白地承认。”

李将军不愧为一代名将，他虽然打了败仗，但是丝毫没有气馁。

“将军劳驾，我的确觉得不敢当。不过，敢问将军此来的目的？”

“我是来请问你，在怎样的条件下，才允许我投降？”

格兰德将军把一张写明投降条件的纸片，放在桌子上。

“就是这几个条件，请您看看是不是有过分的地方？”

李将军拿起条件来，看了一遍。

“这条件很宽大，不过，我还要提出一点要求。这要求就是：如果你不将我们的马充公的话，那就非常感谢了。”

“这话说得很有道理，我接受这个要求。因为马是农田里不可缺的。南部的人们今后也要使用马来代替奴隶了！”

“谢谢你！南部的人们都会感谢你的。那么，南军总司令劳勃脱·李将军，就接受你的条件，敬向北军投降！”李将军这么说着，就很爽快地解下指挥刀来，递给格兰德将军。这是武将投降的一种表示。

格兰德将军一见，马上伸出手去，把指挥刀递给李将军：

“不，不，这指挥刀还是请你收下，这把曾经有过连战连胜荣誉的指挥刀，除了挂在你的腰际以外，再没有好放的地方！”

这是对于投降的敌将一种破格的待遇。李将军很高兴地收回了指挥刀，两位将军就握起手来。最后两个人又行过很恭敬的举手礼以后，就分别了。

“南军总司令李将军，率领九万部队，亲向格兰德将军投降！”

这个公报一到达华盛顿，市民简直像从噩梦中醒了过来似的高兴！

接连四年的南北战争，终于结束了！两军所使用的兵力，达三百万人，战死者六十万人，战费一共五十亿美元。付出这笔庞大的牺牲以后，这场大规模内战，终告结束。

星条旗就在首都华盛顿各户人家的窗口，飘扬起来，庆祝的礼炮，每隔五分钟就发射一次，各个礼拜堂里的钟声，一起响了起来，晚上的街道，灯火通明，简直成了一片火海！

庆祝胜利的游行队伍，在乐队的前导下，向白宫行进。林肯站在窗边，向着这些游行队伍发表讲话，顺便对于战后的国家大计，做了一番报告。

聚集在那里的市民，对于林肯的每一句话、每一个字，都恭恭敬敬地倾听着。

可是，林肯为什么要这样好像发表遗嘱一样的，把有关政策的问题，那样详细地向市民们报告呢？

难道，他这时已经预感到正在迫近过来的命运吗？

这时，在欢呼的群众中，谁也没有觉察到，两个年轻的黑影，夹杂在人群里面。他们之中一个年纪较大的，回过头去对另外一个说：

“这是这家伙的最后一次演说呢！”

这两个人，就是早就潜伏在林肯身边的刺客白斯和他的同伴鲍哀儿。

决定命运的日子

终于，那决定最后命运的日子到来了。

四月十四日那天中午，莎姆泰炮台又像四年前一样，发出了隆隆的炮击。不过，这并不是南军发出的炮击，也不是实弹发射，而是庆祝恢复和平的礼炮。

炮台的守将，还是当年的那个安德生少校，不过，现在他已经晋升为少将。四年前，在南军的炮弹下降下的星条旗，他又把它高高地升起在旗杆上了。

在同一时候，白宫的政务室里，林肯和阁员们，一起坐在那里。

这是李将军投降以来的第一次集会。会议席上，国务卿施华德因病缺席；但格兰德将军列席了。

林肯用他那难得的高兴神情，开口说道：

“目前，第一个问题，是叛军将领的处分问题——”

这时候，在一般国民中，有的甚至要求所有李将军以下的首要将领，都应该处以重刑，南方的总统戴维斯，则应该处以死刑！

可是，林肯对于南部将领的报复以及叛徒的处罚等主张，坚决反对：

“不管那是一个怎样的坏蛋，要杀死他，我总不赞成。这一些人，我们只要把门打开，放下门闩，赶他们出去就算了。”

他像赶着羊群那样的，张开两只手做了个手势。

“人命已经牺牲得够多了。我们真要使国家团结的话，必须把心里的仇恨抹掉。”

当天下午，林肯和梅丽夫人一起坐着马车到市外去。这是一次时间相当长的散步。而在这次散步中，夫妇两个作了一次很久没有过的长谈。

“梅丽，我们来到华盛顿，已经四年了。这几年我们实在够辛苦的。现在，那惨痛的战争已经结束了，剩下的四年，在上帝的庇佑下，我们总可以获致和平、幸福了吧。等任期终了以后，我们还是回伊利诺去，安闲地过我们的日子。

“现在，钱总算多少也已经积了几个，在未来的四年中，多少还可以积一点下来。不过，单是靠这几个钱，生活还是不容易。所以，还得到春田或是芝加哥去，设一个律师事务所，做做律师才好。”

在谈话中，回到了白宫。这时，刚巧有一个从家乡来的老朋友，因为等得不耐烦，正想回去。

“喂，忙什么，慢慢地说。”

林肯说着，就拉着那老朋友的手走进会客室去。大家很高兴地说了一阵往事。这时，秘书推开门，走了进来。

“总统，一切都准备好了，夫人等在那里。”

这已是第三次的催促。因为去看戏有时间，实在太迟了。

“既然这样，那就走吧。”

林肯这才站起身来。

这天晚上，原来约好格兰德将军伉俪到福德剧场去看戏的，可是，格兰德将军伉俪突然因为要去看他们的女儿，当晚就要动身；所以，就由勒斯本少校和哈理斯小姐，和总统伉俪一起去看戏。

正要跨上马车的时候，一个秘书过来拦住了，问：

“总统，是这一件吧？”

他的手里托着一件一个南军俘虏的特赦命令。

“噢，是的。”

林肯提起笔来，批了“准予特赦！”几个字，就交给那个秘书。这是他以总统的身份，处理的最后一件公务。

接着，马车就轰隆轰隆地驰下坡道，驶向剧场去。

一阵迷蒙的白烟

晚上九点钟，到达福德剧场时，喜剧《美国的表兄弟》，早就在两个钟点以前开演了。

剧场的里里外外，插满了国旗；从二楼到三楼，挤满了观众。

突如其来的，全场观众一起站了起来，跟着，就响起了一阵欢呼声：

“林肯万岁！”

“总统万岁！”

舞台上的表演，也暂时停顿下来，乐队吹奏起国歌，欢迎总统。

这时，总统夫妇，就在舞台右边，一个放满着花篮、覆罩着大幅的星条旗的包厢里，坐了下来。

舞台上的表演，又告开始。

这天晚上，林肯的情绪特别好。眼前虽然负着一个战后复兴建设的重大任务，可是，兄弟间的自相残杀，到底结束了。同时，林肯也很爱好喜剧。

林肯不时回头望望夫人，不停地展露出笑容。观众也都哄堂大笑。整个剧场，充满着热闹的气氛。

这时，在林肯背后，一个黑影，像鬼魂般地悄悄挨近过来。

舞台上的戏，正演到最精彩的地方，观众都全神贯注地欣赏着舞台上的表演。就在这时候，一个早已摸索到了林肯座位附近的年轻小伙子，蹑起脚跟，不声不响地窥视着林肯的动静。接着他就走近林肯的身边去。

砰！砰！砰！

大家一听到这几声枪声，就都急忙回过头来，只见总统的包厢，已经笼罩在迷蒙的白烟中！

“救命！”

是一个女子的呼救声。

这时，只见勒斯本少校，和一个手握着一把短刀的小伙子正在格斗！

“不要走，你这个匪徒！”

勒斯本少校虽然左臂已经受伤，还是不顾疼痛，一把抓紧那个正要逃走的匪徒的上衣。

总统还是坐好在椅子里，可是，头已经低垂下去，双眼也紧闭上了。

“看你拦得住我？”

那挥舞着短刀的匪徒，这样说着，就纵身一跳，打算跳到舞台上去，哪知道在慌乱中他的腿被国旗绊住，就双脚朝天，头顶向地地翻一个跟头栽倒在地下。可是，他马上从舞台上爬起身来，嘴里大声地念了一句戏词：

“暴君的下场，就是这样！”

这是布鲁塔斯行刺恺撒时所说的，南部暗杀团用以作为暗语。

于是，这个名字叫做白斯的二十八岁的年轻人，趁着全场混乱的机会，推开了那些吓得乱叫乱跳的演员，挥舞着手里的血刀，从后台逃了出去，跳上一匹他的同党早就预备好的马，在黑暗中逃走了。

这是一场发生在片刻间的惨祸。

本来是一座充满着欢乐的戏院，在片刻间，就变成了一个阴森的地狱！

头部被枪弹贯穿了的林肯，意识已经消失了，就从这乱成一片的戏院里，被送到对门的威德逊家里去。

微笑在天国中

国务卿施华德，也在同一时候，遭受到暗杀团的袭击。

匪徒执着短刀，把躺在病床上的国务卿，斩得血肉模糊，同时，还杀伤了四个家人，然后才逃去。

当海军部长威尔斯赶到威德逊家里时，林肯已经被换上了白色的睡衣，露出他那粗大的手腕，横在床上。

这时，他的呼吸时断时续，脉搏很微弱，眼皮不断地抽搐，脸色已经变得像泥土般的蜡黄，全身已笼罩在死亡的阴影下。

“唉！林肯已经成为一个历史人物了！”

威尔斯的眼泪不断掉在棉被上！他尽管不断擦着眼泪，可是，哪里擦得干呢？

唉，刚才还是那样谈笑自若的总统，就这样与世长辞了吗？

为了国家、为了人道，四年间受尽辛苦，所得的就是这样的报酬吗？

才和他的夫人说过，今后可以享受和平与幸福的这个人，在战火熄灭后还不到一星期的时候，竟得到了这样一个下场！

“伤心！实在伤心！”

陆军部长史丹德，这样连声哀悼！

遭遇到这场意外而急得不省人事的梅丽夫人，由大儿子劳勃脱照料，被抬进另一间屋子里，大家在那里忙着救护她。

不一会儿，那间并不怎么宽大的病房，就被听到了这不幸的消息，而先先后后赶来慰问的平民、阁员、将军以及议员们挤满了。

昏暗的天空里，在刮过一阵风以后，就下起雨来，那滴滴答答的雨声，像是涕泣的声音！推开窗子，往外面看时，只见点点雨珠，把树梢的枝叶打得摇摇晃晃，响起了一阵阵的呜咽声来。

林肯一直陷于昏睡状态中，只剩下一口气，在那里一上一下地呼吸着。

这悲惨的一夜，就在涕泣声中度过。当微白的光芒，投射到窗户上时，和死亡一直搏斗到最后关头的林肯那强健的肉体，这时终于筋疲力尽了。

时间是一八六五年四月十五日上午七时二十分，林肯的灵魂进入了天国去。

他那历尽了艰辛的五十七年的生命，就这样终结了。

这个向来“对于任何人不怀恶意，始终以慈悲为怀”的人，正像背负着十字架的基督那样，担负起了人间的一切罪恶与烦恼，而光荣地牺牲了。

在昨天，还是充满着战胜的光荣而飘扬着的星条旗，今天就被覆罩在黑布下，垂头丧气！来往在路上的人们，都低着头，跟哀悼慈父的逝世那样，穿着丧服！全部笼罩在黑色中的街道，到处都是死一般的沉寂！

最后，遗体被移送到了白宫，安放在那张白色的床上。白宫门前，挤满了群众，都表示出了哀悼的诚意。在这哀悼的群众中，还有不少黑人在里面。

林肯的爱子泰德，自父亲死后，悲痛得不能进食。忽然间，他像是有所感触似的这样说道："爸爸是到天国去了的！"

接着，他又这样自言自语道：

"我相信还是天国对爸爸比较适合，在人间的时候，爸爸并没有得到什么幸福的生活！"

葬礼是四月十九日那天在国会大厦举行的，仪式庄严隆重。礼成以后，林肯总统的灵柩，就被护送到伊利诺伊州他的故乡春田去。那载运灵柩的专车，穿越过每一个市镇和村落时，民众都设下隆重的祭奠。

"低着头在叹息的下半旗，在呜咽声里前进的长长的行列，光耀划破了长空的堆堆篝火，无数的火把把黑夜照耀得如同白昼，人们沉默的脸色，还有那响彻云霄的钟声。"

诗人惠特曼，这样写下了当时举国哀悼的情况。林肯的遗体，就在举国哀悼声里，回到了中西部平原去。最后，就在他那生前常怀念的故乡的松树林里、他的爱子坟墓边的地下长眠了。

林肯年谱

公元纪年	年　龄	记　事
一八〇九		二月十二日，在肯塔基州诺林，克里克的小木屋中诞生。
一八一三	五岁	全家迁居到诺北·克里克。
一八一六	八岁	全家迁居于印第安纳州的威荣·克里克。从此时起，就开始帮助家人，在田间工作。
一八一八	十岁	十月九日，母兰西去世。
一八一九	十一岁	父亲再婚，迎娶继母莎拉。
一八二六	十八岁	打造平底船，沿河做买卖。
一八三〇	二十二岁	全家移居伊利诺伊州。
一八三一	二十三岁	开始独立生活，在新奥尔良看到奴隶市场。受聘为新撒伦村的奥发特商店的掌柜。
一八三二	二十四岁	四月，黑鹰战争爆发，应募参加义勇军，被任为圣嘉门中队队长。 因奥发特商店破产，遂与友人合伙经营商店。

公元纪年	年 龄	记 事
一八三三	二十五岁	担任测量技师，就任邮政局长。
一八三四	二十六岁	当选为伊利诺伊州州议会议员。
一八三七	二十九岁	到春田镇，出任律师。
一八四二	三十四岁	十一月四日，与梅丽·托德结婚。
一八四七	三十九岁	当选国会议员。
一八四九	四十一岁	国会议员任期届满，重回春田镇，开业为律师。
一八五四	四十六岁	反对废除《美嗣利互让法案》，为奴隶问题而重回政界。
一八五六	四十八岁	合并民主党的自由派与民权党，而成立共和党。
一八五八	五十岁	被共和党推选为伊利诺伊州参议院议员候选人，为民主党的道格拉斯所击败。
一八六〇	五十二岁	五月，被共和党芝加哥大会提名为总统候选人。 十一月，击败民主党候选人，当选为总统。
一八六一	五十三岁	二月，南部七州脱离合众国，成立南部联邦。选滋华松·戴维斯为总统。 三月四日，林肯就任为总统。 四月十日，莎姆泰炮台炮轰开始，南北战争爆发。 七月二十一日，北军在布尔兰大败，首都华盛顿告急。
一八六二	五十四岁	九月二十二日，发表奴隶解放宣言。 十二月，北军在斐力德立克堡大败。

公元纪年	年　龄	记　事
一八六三	五十五岁	一月一日，奴隶解放宣言开始生效。 七月四日，攻陷维克斯堡城，五日在盖茨堡获胜，北军才开始转变为优势。
一八六四	五十六岁	十一月，林肯连任总统。
一八六五	五十七岁	四月九日，南军总司令李将军，率九万人投降，南北战争结束。 四月十四日，林肯在福德剧场，惨遭暗杀。

图书在版编目（CIP）数据

林肯 / 陈秋帆编写 .—西安：陕西人民出版社，2013
（世界伟人传记）
ISBN 978-7-224-10898-9

Ⅰ.①林…　Ⅱ.①陈…　Ⅲ.①林肯，A.（1809～1865）—传记—青年读物②林肯，A.（1809～1865）—传记—少年读物　Ⅳ.①K837.127=41

中国版本图书馆CIP数据核字（2013）第243256号

著作权合同登记号：25-2012-199

世界伟人传记·林肯

编　　写：陈秋帆

出版发行：陕西出版传媒集团　陕西人民出版社
地　　址：西安北大街147号　邮编：710003
印　　刷：西安市建明工贸有限责任公司
开　　本：880mmx1230mm　32开　10.125印张
字　　数：191千字
版　　次：2014年2月第1版　2014年2月第1次印刷
书　　号：ISBN 978-7-224-10898-9
定　　价：23.00元